AF466155

8. L27 n
25999

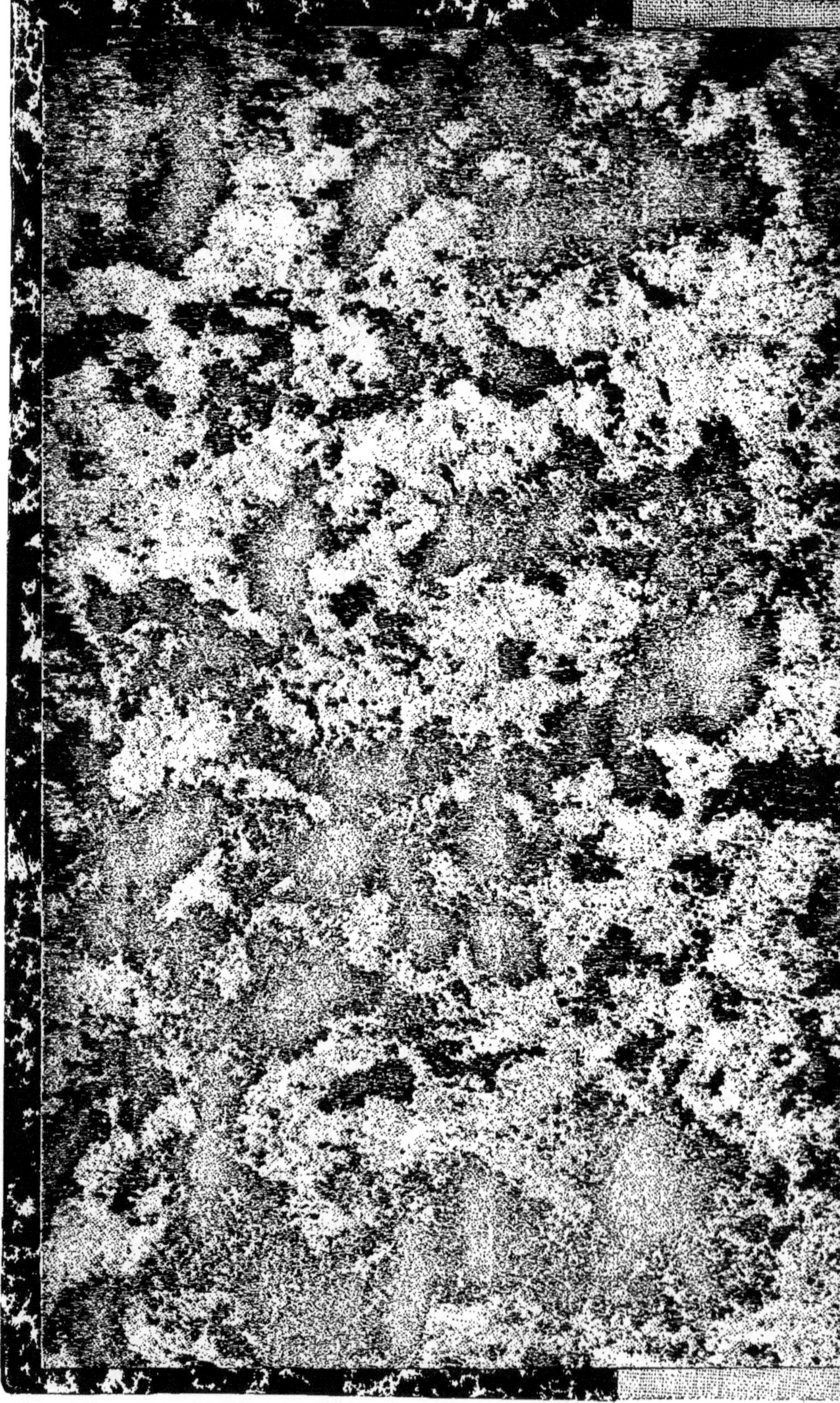

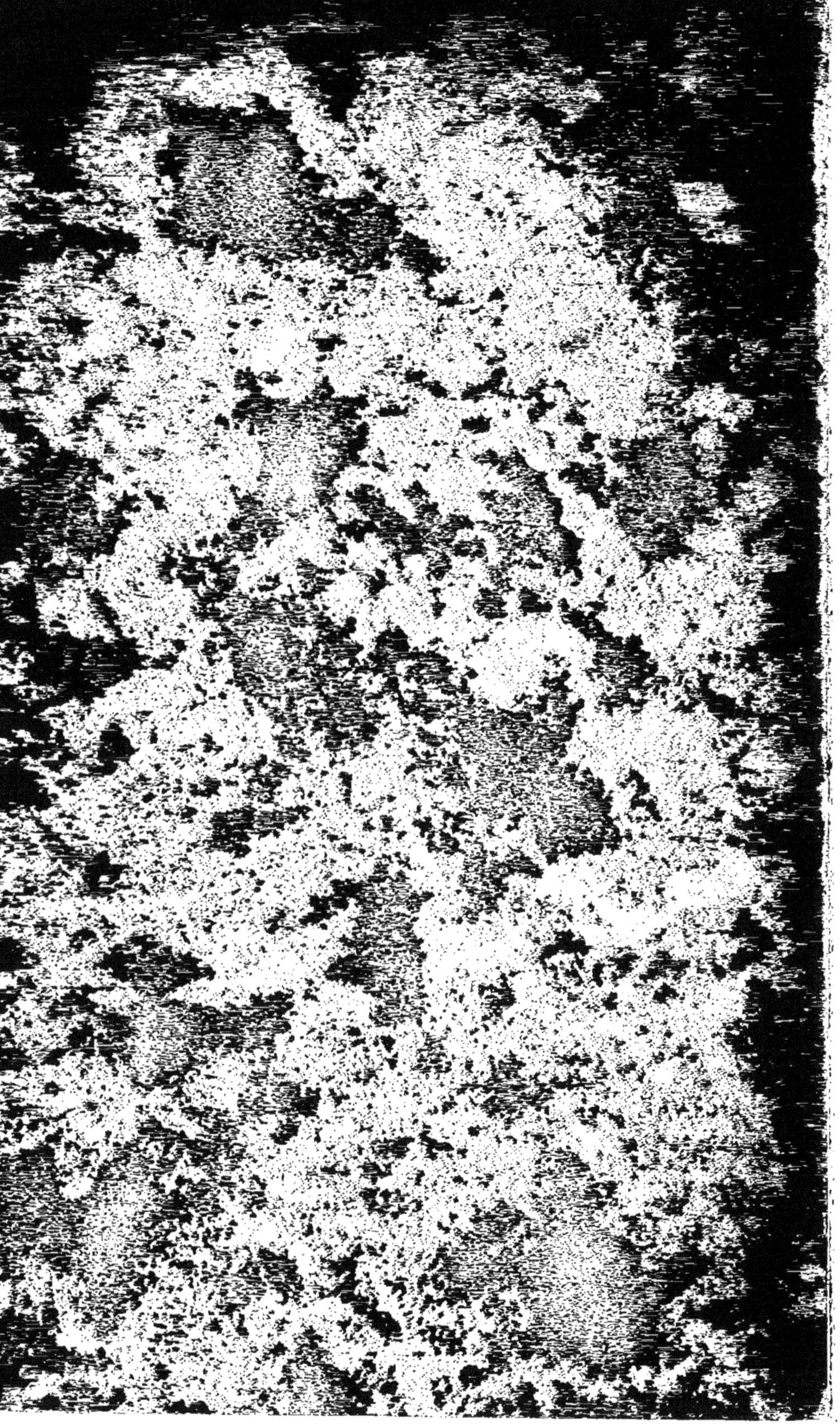

MANNE

DUMONT-D'URVILLE

PAR

FR. JOUBERT

TOURS

ALFRED MAME ET FILS, ÉDITEURS

BIBLIOTHÈQUE
DE LA
JEUNESSE CHRÉTIENNE

APPROUVÉE

PAR Mgr L'ARCHEVÊQUE DE TOURS

SÉRIE PETIT IN-8°

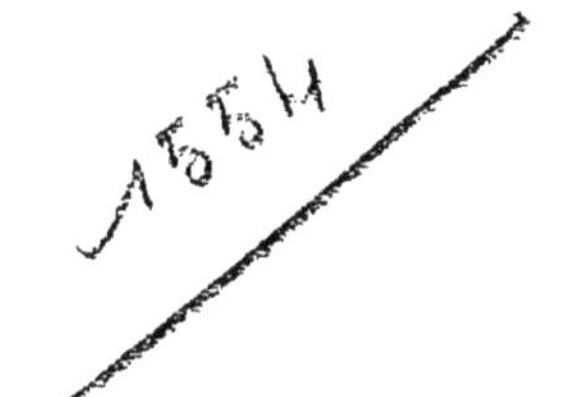

Inauguration du monument de la Pérouse.

DUMONT-D'URVILLE

PAR

FR. JOUBERT

TOURS

ALFRED MAME ET FILS, ÉDITEURS

M DCCC LXXI

DUMONT-D'URVILLE

CHAPITRE I

SERVANT D'INTRODUCTION

Une séance du tribunal révolutionnaire de Caen en 1793.

Le 28 septembre 1793, au plus fort du régime de la Terreur, le tribunal révolutionnaire de Caen était réuni pour juger quelques détenus politiques.

On sait avec quelle rapidité procédaient ces redoutables tribunaux. Après une instruction sommaire, après un interrogatoire qui n'avait pour objet que de constater l'identité du malheureux détenu, on entendait pour la forme quelques témoins, s'il y en avait, car souvent on jugeait sur de simples pièces, ou sur des dénonciations dont les auteurs restaient inconnus; puis l'accusateur public prononçait son réquisitoire, dont la conclusion était presque toujours une condamnation à mort. Nous disons presque toujours; car ce n'était que par une exception très-rare qu'il concluait à un acquittement. Plus rarement encore le verdict du jury différait-il des conclusions du réquisitoire.

Une dernière remarque, c'est qu'entre ces deux solutions de toute affaire portée à ce tribunal, ou l'acquittement pur et simple ou la guillotine, il n'y avait pas de milieu.

Cinq détenus étaient donc traduits ce jour-là devant le tribunal révolutionnaire de Caen. Les quatre premiers furent jugés et condamnés, l'un après l'autre, avec cette effrayante rapidité dont nous avons essayé de donner une idée à nos lecteurs.

On appela la cause du cinquième prévenu.

C'était un homme de soixante ans environ, mais qui paraissait beaucoup plus âgé; on devinait facilement que le chagrin et les infirmités l'avaient vieilli plus que le temps. Sa mise simple et sévère annonçait qu'il appartenait à l'ancienne magistrature, et à ce qu'on appelait autrefois la noblesse de robe. Devant lui, sur le banc réservé aux défenseurs, était assise une dame de quarante-cinq à cinquante ans, entourée de trois enfants en bas âge. C'étaient la femme et les enfants du vieillard.

A l'appel de son nom il se leva péniblement de son banc, en s'appuyant d'une main sur une espèce de béquille, et de l'autre sur la barre placée devant lui.

Interpellé par le président de dire ses nom, prénoms et profession, il répondit d'une voix qu'il s'efforçait de rendre ferme : « Je m'appelle Gabriel-Charles-François Dumont, ci-devant seigneur d'Urville, et ancien bailli de Condé-sur-Noireau.

— Asseyez-vous, » dit brusquement le président, en dissimulant, sous la rudesse du ton avec lequel il prononça ces deux mots, l'empressement qu'il avait de soulager le vieillard infirme de la gêne qu'il éprouvait à rester debout. « Vous allez entendre, continua-t-il du même ton, les charges qui s'élèvent contre vous. » Puis, s'adressant à l'organe du ministère public, il dit : « Citoyen accusateur public, vous avez la parole. »

Avant d'aller plus loin, nous ferons remarquer que ce président était un ancien procureur qui plus d'une fois s'était trouvé en relation avec M. d'Urville, lorsque celui-ci exerçait les fonctions de bailli à Condé, et n'avait jamais eu qu'à s'en louer. Quoiqu'il se fût lancé violemment dans les rangs des plus ardents révolutionnaires, notre ex-procureur n'en conservait pas moins une sorte de respect, je dirais presque de vénération, pour le noble vieillard, pour le magistrat intègre qu'il voyait assis sur le banc des accusés, après l'avoir vu si souvent autrefois occuper le siége du juge civil ou criminel avec tant de dignité, de sagesse et d'équité. Ah! s'il eût suivi l'impulsion de son cœur, il n'aurait pas hésité à faire descendre de ce banc d'infamie cet homme vertueux, à lui ouvrir les portes de sa prison, et à le rendre aux embrassements de sa famille, qui attendait, dans les cruelles angoisses de l'anxiété, le sort réservé à son chef. Mais l'ex-procureur n'était pas le maître de donner suite à ses bonnes intentions; il devait, au contraire, réprimer avec soin les moindres mouvements de compassion en faveur des accusés, sous peine de devenir lui-même suspect de *modérantisme*, et peut-être de *sentiments girondins* ou *royalistes*. Et il n'en eût pas fallu davantage pour le faire passer du siége présidentiel au banc des accusés, et de là à l'échafaud.

Ceci n'était pas une crainte exagérée; car à côté de lui siégeait un démagogue farouche, une créature de Robespierre, un digne élève et un émule de Fouquier-Tinville, le citoyen Scévola, qui remplissait près du tribunal révolutionnaire de Caen les fonctions d'accusateur public. Il avait été naguère un des plus fougueux orateurs du club des jacobins de Paris, où il s'était fait remarquer de Robespierre et des autres membres du comité de salut public, par sa tenue, son esprit de saillie, sa fermeté et sa froideur. Ces qualités lui avaient valu sa nomination de substitut de Fouquier-Tinville, l'accusateur public du tribunal révolutionnaire de Paris, de sanglante mémoire. Puis, lorsque après le 31 mai les girondins, proscrits et réfugiés en Normandie, eurent tenté de soulever l'Eure et le Calvados, cette insurrection ayant été promptement étouffée, le comité de salut public organisa à Caen un tribunal révolutionnaire pour rechercher et punir tous ceux qui avaient pris une part plus ou moins directe au soulèvement, et il envoya comme accusateur public près de ce tribunal le citoyen Scévola, sur le zèle et l'énergie duquel il pouvait compter. Celui-ci s'acquittait de cette mission de manière à justifier le choix du comité, c'est-à-dire de manière à jeter la terreur dans le cœur de tous les honnêtes gens du pays, en envoyant à l'échafaud tous ceux que la haine, la vengeance ou des dénonciations souvent absurdes, ridicules ou frivoles, amenaient à la barre de son tribunal de sang.

Aussi, dès que le président lui eut donné la parole, le citoyen Scévola lut un long réquisitoire, écrit d'un style fort négligé, commun, mais relevé par quelques phrases boursouflées qu'il débitait d'un ton emphatique. Cette accusation ne reposait sur aucun fait précis; M. Dumont-d'Urville était, selon lui, un conspirateur qui correspondait avec les ennemis de l'État, et qui était notoirement connu, dans la ville qu'il habitait, pour sa haine contre la république et son attachement au gouvernement déchu et aux institutions féodales abolies par la révolution. Il faisait remarquer, comme preuve de cette dernière assertion, l'affectation avec laquelle l'accusé continuait à se faire appeler du nom féodal de d'Urville, qu'il n'avait plus le droit de porter, au lieu de son véritable nom patronymique de Dumont, qui seul lui appartenait. Quant à ses sentiments antirépublicains et à ses démarches contre-révolutionnaires, il aurait pu en fournir la preuve par le témoignage de tous les vrais patriotes de Condé-sur-Noireau; mais il s'était contenté de la déclaration qu'il avait reçue de deux zélés et vertueux sans-culottes de cette localité, qui auraient répété de vive voix leurs assertions devant le tribunal, s'ils n'en avaient été empêchés par des causes indépendantes de leur volonté. Du reste, il n'en fallait pas tant pour éclairer la conscience des jurés sur le compte d'un aristocrate, d'un ennemi du peuple comme l'accusé qu'ils avaient devant eux ; il était donc persuadé qu'ils n'hésiteraient pas à reconnaître le nommé Gabriel-Charles-François Dumont, dit d'Urville, ci-devant noble, coupable de haine et de conspiration contre la république, de connivence et d'intelligence avec ses ennemis du dehors et de l'intérieur; et, en conséquence de cette déclaration, le tribunal n'hésiterait pas, de son côté, à condamner le coupable à la peine de mort, juste châtiment de ses crimes.

Quoique tout le monde se fût attendu à cette conclusion, un frémissement parcourut l'assemblée en entendant les derniers mots du réquisitoire du citoyen Scévola, et ce ne fut pas sans une émotion mal contenue que le président adressa ces paroles à Mme d'Urville :

« Citoyenne Dumont, vous avez témoigné le désir de présenter vous-même la défense de votre mari; le tribunal, quoique ceci ne soit pas conforme aux usages judiciaires, consent à vous entendre, si toutefois l'organe du ministère public n'y voit pas d'inconvénient.

— Je n'en vois aucun, reprit le citoyen Scévola; dans mon opinion je pense que, sous le régime de la république, l'égalité la plus parfaite doit régner entre tous les citoyens; ainsi je n'admets pas une classe privilégiée d'hommes qui, sous le nom d'avocats et moyennant un diplôme, aient seuls le droit de porter la parole devant les tribunaux; je n'admets pas même ce privilége en faveur des hommes seuls, et je crois que les femmes, comme citoyennes, comme épouses et comme mères, ont aussi le droit de parler à la barre d'un tribunal pour défendre leurs propres intérêts ou ceux de leurs maris ou de leurs enfants; en conséquence, je n'ai aucune raison de m'opposer à ce que la femme Dumont présente la défense de l'accusé.

— Citoyenne Dumont, vous avez la parole, » dit aussitôt le président.

Mme Dumont-d'Urville se leva, et, faisant un effort pour surmonter la profonde émotion qu'elle éprouvait, elle commença par remercier, en quelques mots bien sentis, le président et l'accusateur public de la permission qu'ils venaient de lui accorder; puis, raffermissant peu à peu sa voix, elle s'adressa aux jurés à peu près en ces termes :

« Citoyens jurés,

« Si mon mari et moi nous avions éprouvé quelque crainte sur le résultat de l'accusation intentée contre lui, nous aurions fait appel à quelques-uns des membres distingués du barreau de cette ville, qui depuis longues années connaissent mon mari, et qui tous se seraient empressés de venir lui prêter le secours de leur éloquence; mais à quoi bon recourir aux princes de la parole pour défendre une cause aussi simple devant des juges éclairés et équitables comme vous? La voix d'une faible femme nous a paru suffisante pour une pareille tâche, et cette confiance dans la bonté de notre cause et dans votre impartialité sera déjà, nous l'espérons, considérée sinon comme une preuve, au moins comme une grave présomption de notre innocence. »

Mme d'Urville se faisait-elle illusion? Sans doute, devant tout autre tribunal, l'accusation dont son mari était l'objet eût été facilement mise à néant; mais elle ignorait, et, il faut le dire, une partie des jurés et des membres qui composaient alors ce tribunal exceptionnel récemment établi à Caen ignoraient ce que pouvait être, et surtout ce que deviendrait un pareil instrument entre les mains des agents du comité de salut public. Certaines formes de procédure étaient encore conservées, et l'on n'en était pas encore venu, comme cela eut lieu plus tard, à *juger révolutionnairement*, c'est-à-dire à n'entendre ni défenseur ni témoins, à s'affranchir de toutes les formes observées tant bien que mal jusque-là, à lire des actes d'accusation imprimés d'avance, contenant les mêmes griefs pour tous, et où il n'y avait plus que les noms des proscrits à inscrire dans les blancs qu'on y avait laissés, et à faire prononcer par les jurés une condamnation en masse. Non, on n'en était pas encore arrivé à cette atroce dérision, à cette horrible parodie des arrêts de la justice. Mme d'Urville put donc se faire écouter avec une certaine faveur d'une partie des jurés et du nombreux public accouru pour assister à ces dramatiques débats.

Elle discuta sérieusement l'accusation : elle n'eut pas de peine à faire comprendre combien était peu sérieuse cette accusation, qui ne reposait que sur des rumeurs vagues, et sur la déclaration de deux témoins qui n'osaient pas même se présenter aux débats. « Savez-vous, dit-elle, la véritable cause de leur absence? C'est qu'ils redoutent d'être confrontés avec l'accusé, et qu'ils n'oseraient soutenir ses regards, qui leur rappelleraient le juge impartial qui plusieurs fois les a condamnés comme convaincus de vols et d'escroqueries. C'est la vengeance seule, et non leur prétendu patriotisme, qui a dicté leur dénonciation; et maintenant je demanderai aux citoyens jurés si la déclaration de ces hommes tarés et flétris par la justice peut être mise dans la balance à côté des soixante ans de loyauté, d'honneur et de probité du prévenu... »

Cette interpellation, adressée aux jurés, parut faire une profonde impression. En effet, les deux témoins dont elle parlait étaient connus de tout le monde pour deux scélérats de la pire espèce, qui avaient eu maintes fois affaire avec la justice. L'accusateur public s'aperçut de l'effet produit sur l'assemblée entière par les paroles de la défense, et il chercha à en atténuer la portée en interrompant Mme d'Urville d'un ton brusque et irrité.

« Citoyenne Dumont, dit-il, vous adoptez là un mauvais moyen de défense, je vous en avertis. Ce n'est pas en incriminant les témoins que vous justifierez votre mari; d'ailleurs il n'est pas ici question de sa probité, ni de sa loyauté comme juge; nous ne l'accusons ni de malversation dans l'exercice de ses fonction, ni de violation quelconque de la loi morale dans sa vie privée; ce dont nous l'accusons hautement, c'est de haïr la république et de conspirer contre elle : voilà le seul crime dont vous ayez à le défendre. J'ai encore, ajouta-t-il après une légère pause, une autre observation à vous faire. Vous avez tout à l'heure prétendu que l'accusation n'était pas sérieuse, parce qu'elle n'était appuyée sur aucune preuve légale; vous auriez peut-être raison s'il s'agissait de la poursuite de faits délictueux ordinaires, avec les formes prescrites par le droit commun devant les tribunaux ordinaires; mais vous êtes ici devant une juridiction exceptionnelle, qui n'est astreinte à aucune de ces formalités ou de ces formes vétilleuses inventées par la chicane pour embrouiller une affaire, et jeter le doute et l'indécision dans l'esprit des juges. Nous sommes dans un temps de révolution; un vaste incendie est allumé autour et dans l'intérieur de la France par les anciens nobles, les prêtres, les girondins et les aristocrates de toutes nuances. Votre mission, citoyens jurés, continua-t-il en élevant la voix avec force, est de travailler à éteindre ces flammes qui menacent de dévorer la république; chaque fois que l'on crie *au feu!* que votre attention s'éveille, n'importe de quelle bouche parte ce cri d'alarme. Chaque fois que la voix du peuple vous signale un de ceux qu'il soupçonne d'attiser l'incendie, c'est à vous de juger cet homme, et si, dans votre âme et conscience vous le reconnaissez coupable, n'importe comment s'est formée votre conviction, vous devez le condamner sans pitié. Vous avez là, sous vos yeux, un ancien noble, un ancien magistrat qui a toute sa vie été dévoué au tyran dont la tête est tombée, il y a huit mois, sous le glaive de la justice populaire; l'opinion publique accuse cet homme de haine et de conspiration contre la république; vous allez décider si cette accusation est fondée, après toutefois avoir entendu ce que l'on va vous dire pour la défense. — Citoyenne Dumont, vous avez la parole. »

Mme d'Urville ne se montra nullement déconcertée en entendant ce second réquisitoire, prononcé avec plus d'emphase encore que le premier. Elle se leva lentement, et, d'une voix calme et presque souriante, elle reprit sa défense en ces termes :

« Citoyens jurés, je remercie l'organe du ministère public de l'avertissement qu'il vient de me donner. Il simplifie ma tâche en la réduisant à combattre non plus une accusation formelle appuyée sur des preuves légales, mais une simple suspicion fondée, dit-on, sur la rumeur ou sur l'opinion publique. Vous savez tous, citoyens, combien cette opinion est mobile et variable; vous savez comment elle se forme, et combien il est facile de l'induire en erreur. Il suffit souvent d'un mot lancé inconsidérément, sans réflexion, par légèreté ou par malveillance, pour faire naître des bruits qui se répandent, se propagent, et que l'indifférence ou la malignité accueillent, en les exagérant encore, avec autant de facilité qu'ils se sont produits dans l'origine; il suffit souvent d'une supposition fondée sur une possibilité ou sur des probabilités plus ou moins réelles, plus ou moins douteuses, pour rendre un citoyen honorable suspect de sentiments qu'il n'a jamais éprouvés, et d'actions qu'il n'a jamais commises et qu'il était même dans l'impossibilité de commettre. Ainsi, il aura suffi, par exemple, qu'au milieu d'une simple conversation sur les hommes et sur les choses du temps, quelqu'un, sans mauvaise intention, sans y attacher d'importance, ait dit que le ci-devant bailli de Condé, ayant beaucoup perdu à la chute de l'ancien régime, n'était pas payé pour aimer la république, pour qu'un autre ait affirmé que non-seulement il ne l'aimait pas, mais qu'il la haïssait. De là à en faire un ennemi de la république, puis un conspirateur qui travaille à la renverser, il n'y avait qu'un pas, et il a bientôt été franchi; et voilà comment l'ancien bailli de Condé est traduit devant vous sous la prévention de haïr la république et de conspirer contre elle.

« Si nous étions dans des temps ordinaires, une pareille accusation ne se serait pas produite, ou bien il eût suffi de la nier avec dédain pour la détruire; mais, comme l'a très-bien observé le citoyen accusateur public, en révolution les choses ne se passent pas ainsi; et ces simples rumeurs, auxquelles on n'aurait pas prêté l'oreille dans un autre temps, suffisent pour motiver une accusation contre celui qui en est l'objet. Eh bien, puisqu'une dénégation formelle est insuffisante pour détruire ces bruits mensongers et ridicules, je vais les combattre par des faits positifs, concluants, qui dissiperont tous vos doutes, éclaireront votre conscience, et y porteront la conviction de l'innocence de l'inculpé.

« Lorsque, l'année dernière, les armées étrangères ont menacé d'envahir la France, mon mari a engagé ses deux fils aînés à partir dans un des bataillons de volontaires du Calvados pour aller défendre nos frontières. Ils ont pris part l'un et l'autre aux glorieuses batailles de Valmy et de Jemmapes; ils s'y sont vaillamment comportés tous deux, et leur belle conduite leur a valu à l'un le grade de lieutenant, à l'autre celui de capitaine, décernés par le suffrage unanime de leurs camarades. Ils sont encore à l'heure qu'il est sous les drapeaux, prêts à verser leur sang pour la défense de la patrie... »

Après avoir insisté avec beaucoup de force sur ce fait important, que c'est non-seulement du consentement, mais d'après les conseils de leur père, que leurs enfants sont partis pour l'armée; après avoir lu plusieurs lettres de ceux-ci, adressées à leur père, et dans lesquelles ils lui parlent avec enthousiasme de leur dévouement à la patrie, elle demande si une pareille conduite de la part d'un père n'est pas une preuve évidente qu'il n'a jamais été animé de cette haine qu'on lui suppose avec tant de légèreté contre le gouvernement de la république. S'il avait songé à conspirer contre sa patrie, comme le prétend cette rumeur absurde dont on invoque le témoignage, aurait-il envoyé ses fils dans les rangs de ses défenseurs? Leur aurait-il inspiré ces sentiments de vrai patriotisme qu'on trouve à chaque ligne de leur correspondance? Mais à côté de ces preuves morales, qui suffiraient pour effacer jusqu'au moindre soupçon de sa culpabilité, il existe une preuve matérielle qui démontre jusqu'à l'évidence que, quand même il eût eu la pensée de conspirer, il en eût été empêché par une impossibilité physique absolue.

« En effet, continua-t-elle, depuis près de trois ans mon mari est atteint d'infirmités graves qui ont paralysé ses membres, et lui ont ôté l'usage d'une partie de ses facultés. Depuis six mois il y a eu quelque amélioration dans son état, c'est-à-dire qu'il peut maintenant se mouvoir un peu, et faire quatre ou cinq pas dans sa chambre à l'aide de béquilles; il peut aussi, mais difficilement, écrire deux ou trois mots et signer son nom de la main gauche; car il a perdu entièrement l'usage de la main droite. Son esprit, son intelligence, son jugement ont conservé toute leur lucidité; mais il est incapable d'une application soutenue. Pendant assez longtemps il avait perdu l'usage de la parole, et il ne faisait entendre que des cris et des sons inarticulés. Une forte commotion qu'il a éprouvée l'année dernière lui a rendu la faculté de parler; voici dans quelle circonstance.

« Il se trouvait par hasard seul dans sa chambre avec cet enfant, le plus jeune de nos fils, qui commençait à marcher; » et elle montrait en même temps un petit garçon assis à côté d'elle. « Cet enfant, en jouant autour du fauteuil du malade, fit un faux pas et tomba dans le feu. A cette vue, le malheureux père, éperdu, cloué par la maladie dans son fauteuil, ne peut que jeter des cris d'alarme, et, par un effort extraordinaire, il parvient à prononcer distinctement ces mots : *Au secours! le petit Jules au feu!* On accourt à la hâte; l'enfant est sauvé; mais il a reçu des blessures dont il n'est pas encore guéri, et dont il portera des traces toute sa vie.

« A partir de ce moment, mon mari a recouvré en partie l'usage de la parole; seulement il ne s'exprime que lentement, difficilement, et souvent d'une manière peu distincte. Sans cette infirmité, il n'eût cédé à personne le droit de présenter sa défense; et je le regrette d'autant plus, qu'il se serait mieux défendu sans doute que je n'ai pu le faire moi-même. Du reste, comme je l'ai dit en commençant, une pareille cause n'a pas besoin de grands efforts pour triompher; et, malgré ma faiblesse, j'aurai atteint le but que je me suis proposé, si, comme je l'espère, citoyens jurés, vous êtes maintenant convaincus de l'impossibilité physique où mon mari se trouve de jouer ce rôle de conspirateur, que la légèreté ou la malveillance lui ont attribué. Lui un conspirateur!... Mais pour remplir un pareil rôle il faut pouvoir agir, écrire, parler; eh bien! je vous le demande, citoyens jurés, l'homme impotent que vous avez devant vous était-il capable de faire la moindre démarche, lui qui n'a pas même pu secourir son enfant, tombé à deux pas de lui dans le feu? Était-il capable d'entretenir des correspondances plus ou moins actives, lui qui peut à peine signer son nom? Aurait-il pu du moins tenir des conférences ou simplement causer avec des complices, qu'il faudrait lui supposer, lui qui pendant dix-huit mois n'a pu articuler une parole, et qui n'a pu recouvrer la voix que pour appeler au secours de son enfant exposé à un danger de mort. Il est vrai que depuis ce temps il a pu s'exprimer avec un peu moins de difficulté; mais savez-vous quel a été un des premiers usages qu'il a faits de cette parole si miraculeusement recouvrée? Eh bien! ç'a été d'engager ses deux fils aînés à aller défendre les frontières de la France envahies par l'étranger; et voilà l'homme dont on vous demande la tête, comme étant celle d'un ennemi de la patrie, d'un conspirateur qui travaille à sa ruine! »

Elle termina son allocution par une prière touchante aux jurés pour qu'ils rendissent un père à ses enfants. Sa voix était si pénétrante, ses accents si sympathiques, que des sanglots à demi étouffés éclatèrent de toutes parts dans l'auditoire, et qu'une certaine émotion gagna le tribunal lui-même. L'accusateur public seul fut impassible devant cette émouvante plaidoirie. Cependant, en voyant l'effet qu'elle avait produit sur les jurés, il jugea prudent d'abandonner l'accusation afin d'atténuer sa défaite; mais il le fit de mauvaise grâce, tout en lançant un trait méchant qui avait pour but d'atteindre la femme à défaut du mari.

« Citoyens jurés, dit-il, quand l'émotion qui avait suivi les dernières paroles de Mme d'Urville fut un peu calmée, je conviens que, d'après les explications fournies par la défense, il paraîtrait, en effet, difficile que le prévenu eût pu conspirer directement et d'une manière active contre la république; il nous resterait peut-être à examiner si, dans son entourage, il n'a pu trouver quelqu'un capable de le remplacer, de parler, d'écrire et d'agir pour lui. Ce qui vient de se passer aujourd'hui dans cette enceinte est plus que suffisant pour faire naître cette supposition; mais, comme à cet égard nous manquons pour le moment des éléments nécessaires pour formuler une nouvelle accusation, nous nous en rapportons, en ce qui concerne l'inculpé Dumont, à ce que vous dictera votre conscience. Si toutefois, ajouta-t-il de sa plus grosse voix, votre verdict est favorable à l'accusé, que les ennemis de la république se gardent d'en triompher; qu'ils reconnaissent simplement l'impartialité qui vous guide; mais qu'ils restent en même temps convaincus que l'œil de la justice révolutionnaire est sans cesse ouvert sur eux et sur leurs menées ténébreuses; qu'il saura découvrir et déjouer leurs complots, quel que soit le masque dont ils se couvrent, quels que soient les mannequins qu'ils ont parfois l'art de mettre en avant pour cacher les vrais coupables. »

Cette virulente sortie, dont le but était assez évident, arrêta les félicitations que plusieurs personnes dans l'auditoire s'apprêtaient à adresser à Mme d'Urville.

Enfin, après quelques minutes de délibération, le jury apporta une déclaration de non-culpabilité en faveur de l'accusé, et le président du tribunal prononça son acquittement, et ordonna sa mise en liberté sur-le-champ.

La présence du farouche agent du comité de salut public empêcha seule l'assemblée d'accueillir cette décision par des applaudissements.

CHAPITRE II

L'éducation. — L'entrée dans la marine.

Dans le chapitre qui précède, et qui sert d'introduction au récit que nous nous proposons de faire des principaux événements de la vie du contre-amiral Dumont-d'Urville, nos lecteurs ont appris déjà quelques détails sur sa famille.

Son père était cet ancien magistrat, ce vieillard accablé d'infirmités, que la fureur révolutionnaire poursuivait de sa haine aveugle et souvent féroce jusqu'à la stupidité.

Sa mère, Jeanne-Françoise-Julie-Victoire de Croisilles, d'une ancienne et noble famille de

Normandie, était cette femme forte et dévouée dont nos lecteurs ont pu apprécier le caractère énergique par la manière dont elle défendit son mari devant le tribunal révolutionnaire de Caen, et parvint à dérober sa tête à l'échafaud.

Notre héros, le futur contre-amiral Dumont-d'Urville, était ce jeune enfant qui, à l'âge de deux ans, faillit périr par le feu sous les yeux de son père, et qui porta toute sa vie, sur l'une de ses mains, les marques du danger qu'il avait couru, et dans lequel certains esprits lurent peut-être le présage de sa fin malheureuse. Il se nommait Jules-Sébastien-César; il était né à Condé-sur-Noireau le 23 mai 1790.

Aussitôt après qu'il eut été rendu à la liberté, M. Dumont-d'Urville retourna avec sa famille à Condé-sur-Noireau, leur résidence habituelle. Le séjour qu'il avait fait en prison, et les émotions inséparables de sa comparution devant le tribunal révolutionnaire, n'avaient pas peu contribué à aggraver l'état déjà si précaire de sa santé. Ce fut surtout grâce aux soins et à la sollicitude active et intelligente de sa femme qu'il dut de prolonger encore quelques années son existence. Enfin il mourut au commencement de l'année 1797. Quelque temps après Mme d'Urville quitta Condé avec ses enfants, et alla fixer sa résidence dans une propriété qu'elle possédait au hameau nommé le Cours-d'Orne, dépendant de la commune de Feuguerolles.

Le séjour de Condé lui était devenu insupportable depuis le procès intenté à son mari par suite des dénonciations portées contre lui par quelques hommes tarés, autrefois justement condamnés par le tribunal du bailli, et qui, grâce à la révolution et à leur affiliation à la secte des jacobins, étaient devenus tout-puissants pendant le règne de la Terreur. Elle aurait même désiré ne pas rentrer à Condé après l'élargissement de son mari, et se réfugier dès lors dans la solitude de Feuguerolles, afin de ne plus être exposée à l'espionnage de ses ennemis; mais les soins que réclamait l'état de maladie de M. Dumont-d'Urville nécessitaient sa résidence dans une ville où il trouvait tous les secours de l'art, qui lui eussent manqué complétement dans le hameau isolé du Cours-d'Orne.

Quoiqu'à l'époque où elle devint veuve le régime de la Terreur eût fait place à un système de gouvernement plus modéré, elle n'en persista pas moins dans sa résolution de se retirer tout à fait à la campagne, où elle jouirait de plus de liberté que dans une petite ville où tout le monde se connaît, se surveille, pour ainsi dire, réciproquement; où vos moindres actions sont connues, commentées, et souvent interprétées d'une manière ridicule ou calomnieuse. Ainsi depuis deux ou trois mois elle avait reçu chez elle son frère, l'abbé de Croisilles, prêtre insermenté, qui y avait amené de temps en temps un de ses confrères, et déjà le bruit se répandait dans Condé que la maison de l'ancien bailli servait de refuge aux prêtres réfractaires, qui venaient y tenir des conciliabules et tramer des complots contre-révolutionnaires. Or ces conciliabules et ces prétendus complots consistaient simplement à célébrer quelquefois la messe, en présence de la famille, dans la chambre du malade; à adoucir ses souffrances par les consolations de la religion, et à le préparer, par l'administration des sacrements, à paraître devant Dieu. Mais ces actes si naturels de piété pouvaient lui être imputés à crime, dans un temps où la religion catholique n'était pas encore libre, et où ses ministres fidèles étaient loin d'être à l'abri des persécutions.

Une fois installée dans sa maison, ou, comme on l'appelait, dans son château du Cours-de-l'Orne, Mme d'Urville fut enfin libre de donner l'hospitalité à son frère, et même à d'autres ecclésiastiques dépossédés, comme lui, de leurs bénéfices pour avoir refusé de prêter serment à la constitution civile du clergé. La messe et les offices furent régulièrement célébrés dans la chapelle du château, et la noble et pieuse mère eut la satisfaction d'habituer de bonne heure ses enfants à la pratique des devoirs religieux, tout en leur en donnant l'exemple.

De neuf enfants qu'elle avait eus de son mariage avec M. Dumont-d'Urville, il ne lui restait que les trois plus jeunes, ceux qui l'avaient accompagnée au tribunal quand elle défendait si courageusement leur père. Ses deux aînés, qui s'étaient engagés dans les volontaires, étaient morts, l'un de maladie, l'autre de blessures reçues sur le champ de bataille. Elle en avait perdu précédemment quatre à des époques et à des âges différents.

Cette femme, si cruellement éprouvée comme mère et comme épouse, avait trouvé dans la religion la force et la résignation nécessaires pour pouvoir résister à des coups si cruels. Tout en conservant un pieux souvenir de ceux qu'elle avait perdus, sa tendresse maternelle se concentrait maintenant sur les trois survivants de cette nombreuse famille. Ces survivants étaient deux filles et un fils; ce dernier, le plus faible, le plus chétif de tous ses enfants, avait eu encore sa santé gravement compromise par l'accident dont nous avons parlé; et cependant c'était lui qui devait survivre à tous ses frères et sœurs.

Mme d'Urville se chargea spécialement de l'éducation de ses filles; quant à son fils, elle confia à son frère le soin de son éducation religieuse et classique.

L'abbé de Croisilles, qui plus tard est devenu chanoine de Cambrai, et qui est mort vicaire général de Bayeux en 1819, était un homme fort instruit. Il accepta avec plaisir la mission que lui donnait sa sœur, et il commença aussitôt les études classiques de son neveu. Il trouva dans cet enfant des dispositions étonnantes et une intelligence précoce, qu'il n'eut pas de peine à cultiver.

Tandis que l'abbé de Croisilles enseignait au petit Jules, avec un succès qui le surprenait lui-même, les éléments des connaissances humaines, Mme d'Urville s'occupait avec un soin égal de développer les forces physiques de cet enfant. Elle lui faisait faire de longues courses dans les champs, et l'exposait, souvent nu-tête et nu-pieds, à toutes les intempéries des saisons. Il conserva toute sa vie un souvenir reconnaissant de cette prévoyante sollicitude, et on l'a entendu bien des fois dire qu'il était redevable de son excellente constitution aux rudes exercices que lui avait imposés sa mère.

L'instruction religieuse de Jules n'était pas négligée, comme on doit bien le penser, par un précepteur aussi savant et aussi pieux que son oncle. Cette instruction marchait de front avec ses études classiques, et à l'âge de onze à douze ans il fut en état de faire sa première communion. Il montra dans l'accomplissement de cet acte si important de la vie chrétienne une piété et une ferveur qui remplirent de joie le cœur de sa mère.

On attendait ce moment pour placer le jeune Dumont-d'Urville au collége, où il devait terminer son éducation. Ce n'est pas que son oncle ne fût en état de lui enseigner les belles-lettres et la philosophie; mais la paix rendue à l'Église, le culte rétabli en France, ne lui permettaient plus de rester en quelque sorte dans l'oisiveté; il tenait à rentrer dans des fonctions actives qui lui permissent de ne plus vivre aux dépens de sa sœur. Il fut donc décidé que la famille irait habiter Bayeux, et que Jules suivrait comme externe les classes du collége de cette ville.

Ce qui avait déterminé le choix du collége

de Bayeux, c'est que cet établissement était alors dirigé par l'abbé le Comte, savant helléniste, et ami particulier de l'abbé de Croisilles. Quand celui-ci présenta son neveu pour le faire admettre au collége, on fit subir au jeune élève un examen pour fixer la classe dans laquelle il devait être placé. Il se passa à cette occasion un fait qui mérite d'être cité, et qui prouve avec quelle facilité Jules savait s'approprier les langues étrangères.

Sur la demande de l'abbé de Croisilles, l'examen se fit en latin, en présence de tous les professeurs du collége. Le jeune d'Urville répondit dans cette langue à toutes les questions avec une justesse et un choix d'expressions qui émerveillèrent l'assemblée, et lui valurent d'unanimes applaudissements.

Comme la plupart des personnes présentes s'étonnaient d'un pareil phénomène, et demandaient à l'abbé de Croisilles par quelle méthode il avait pu obtenir un aussi brillant résultat, il répondit en souriant : « Ma méthode a été fort simple, Messieurs; d'ailleurs je ne me donne pas le mérite de son invention ; c'est celle que le père de Montaigne, à ce que nous apprend ce philosophe, employa pour lui enseigner le latin. Après avoir reconnu que mon neveu était doué d'une excellente mémoire, et qu'en même temps il était peu disposé à une application soutenue et à des études abstraites, au lieu de commencer par lui mettre une grammaire latine entre les mains et à lui faire apprendre des déclinaisons, des conjugaisons, puis les règles de la syntaxe, je me suis efforcé de lui faire apprendre le plus possible de mots latins, puis des phrases, en commençant par les plus usuelles, et en passant graduellement à de plus compliquées. Cela se faisait ordinairement par forme de conversation, et tout en nous promenant dans la campagne. Puis je l'ai accoutumé à lire et à apprendre par cœur des phrases, des pensées extraites textuellement des auteurs latins. Enfin j'ai pu lui mettre entre les mains les auteurs eux-mêmes ou des extraits d'une certaine étendue. C'est ainsi qu'il a lu Florus, Justin, les fables de Phèdre, les Commentaires de César, Virgile, etc. etc. J'aurais désiré aussi lui enseigner le grec de la même manière; mais je suis peu versé dans la connaissance de cette langue, et je n'ai pu que l'initier aux premiers éléments. Mais j'espère que mon ami M. l'abbé le Comte voudra bien continuer cette tâche. »

Le jeune d'Urville continua, en effet, l'étude du grec sous l'abbé le Comte; mais bientôt le maître n'eut plus rien à enseigner à l'élève. « Reprenez votre neveu, disait cet abbé à M. de Croisilles, il sait plus de grec que moi. »

Nous avons insisté sur ces particularités pour donner une idée de l'aptitude précoce de Dumont-d'Urville pour les langues. Il conserva cette aptitude toute sa vie : ainsi plus tard il s'occupa avec succès de l'hébreu; puis il apprit l'anglais et le russe. Il se livra surtout avec un grand succès à la langue chinoise et aux langues de l'Asie méridionale, pour les comparer avec les différents idiomes de l'Océanie, dont il fit une étude particulière. On peut dire qu'il a été un des plus remarquables linguistes de notre siècle.

Mais pour qu'il réussît dans une étude, il

fallait qu'elle lui plût. Il travaillait par goût plutôt que par devoir. Ainsi les classiques grecs et latins eurent de l'attrait pour lui dès son enfance, et leur lecture charmait encore les ennuis de la navigation pendant ses longs voyages à travers toutes les mers du globe. Il en fut de même de la botanique, qu'il apprit, pour ainsi dire, de lui-même dans ses promenades autour du château du Cours-de-l'Orne. A sept ans, il herborisait avant de savoir écrire. Plus tard il cultiva cette branche de connaissances moins comme une étude sérieuse que comme une récréation, ce qui ne l'empêcha pas de devenir un naturaliste distingué.

En 1806 il entra, toujours comme externe, au lycée impérial de Caen, en sorte que son éducation fut surtout domestique. Sa pieuse mère, suivant en cela les conseils de son frère, parti récemment pour Cambrai, ne voulut jamais placer son fils comme interne dans un lycée ou dans un collége, craignant, pour la pureté de ses mœurs et de ses principes religieux, le contact des jeunes gens déjà pervertis qu'on rencontre trop souvent dans ces établissements. Ces dangers sont à craindre sans doute pour certaines natures faibles et faciles à se laisser entraîner; il est douteux toutefois que le jeune Dumont-d'Urville, qui dès son enfance avait fait preuve d'une grande fermeté de caractère, se fût laissé si facilement détourner de la bonne voie. Ce qui est plus probable, c'est qu'il aurait gagné, à vivre en commun avec des jeunes gens de son âge, l'habitude de la société de ses semblables, habitude qui lui aurait fait perdre certaines aspérités de caractère qui se seraient adoucies, et en quelque sorte polies au frottement du monde. Il se serait ainsi dépouillé de cette timidité, de cette froideur qu'il conserva toute sa vie; défaut que l'on était porté à attribuer à une fierté hautaine, et qui dans maintes circonstances nuisit à son avancement.

Un autre avantage qu'il aurait trouvé dans la vie de collége, c'est que ses études eussent été réglées d'une manière plus rationnelle, par conséquent plus profitables, au lieu d'être abandonnées en quelque sorte à son caprice.

En effet, il suivait assidûment les classes du lycée; il y obtint même des succès, ainsi que le constatent les tableaux qu'on voit encore aujourd'hui dans le parloir du lycée de Caen, et où son nom figure parmi les principaux lauréats de cette époque; mais au sortir de classe, rentré à la maison, il n'avait personne pour le diriger dans le travail qui lui restait à faire. Si le sujet traité dans la leçon qu'il venait d'entendre lui plaisait, il s'appliquait quelque temps à le méditer, à le résumer, et à préparer le travail pour la prochaine leçon. Si ce sujet n'était pas de son goût, il le négligeait pour s'occuper de travaux qui lui offraient plus d'attrait; ainsi la botanique lui fit souvent négliger la physique et l'algèbre, sciences auxquelles il aurait dû s'appliquer d'autant plus qu'il avait l'intention de se présenter comme candidat à l'École polytechnique.

Un autre sujet de distraction qui contribua à lui faire négliger les études sérieuses, ce fut un goût immodéré pour la lecture. Il s'était abonné chez un libraire de Caen, nommé Manoury, qui fournissait à ses lectures. Romans, histoires, voyages, passaient rapidement sous ses yeux; il lisait, ou plutôt il dévorait tout. Manoury, ne comprenant rien à cette effrayante consommation, avertit un jour Mme d'Urville qu'il était impossible à son fils de pouvoir lire tous les ouvrages qu'il demandait. Jules prit aussitôt la plume, passa la nuit à écrire, et, pour prouver à l'honnête libraire qu'il l'avait mal jugé, lui envoya le lendemain une analyse fidèle des cinq ou six derniers volumes qu'il avait lus. Parmi ces lectures favorites, nous devons surtout mentionner les relations de voyages et de découvertes, qui contribuèrent peut-être à fixer sa vocation.

Son temps se dissipait encore en d'autres futilités, qui avaient pourtant un côté sérieux. Ayant entendu dire que le savant Huet, son compatriote, avait régulièrement tenu journal de sa vie, il lui prit fantaisie d'imiter en cela le célèbre évêque d'Avranches, et, dès l'âge de douze ans jusqu'à trente-deux, il inscrivit jour par jour, et sans aucune omission, toutes ses pensées et toutes ses actions. Sans doute son instruction eut peu à profiter de ce triste emploi du temps, qui ne servit qu'à donner un aliment à son amour-propre, et à l'isoler en quelque sorte de plus en plus des autres hommes.

Il était arrivé à l'âge de choisir une carrière. C'était alors l'époque la plus brillante du premier empire. Le génie de Napoléon Ier planait sur l'Europe, et la victoire l'avait rendu le plus puissant monarque du monde. L'art de la guerre avait absorbé tous les autres arts : les carrières en faveur se réduisaient à combattre sur terre ou sur mer. Dumont-d'Urville n'eut pas d'autre alternative, quand le temps fut venu pour lui de faire un choix. La marine eut naturellement la préférence, par suite de l'impression produite sur son esprit par ses lectures favorites. Mais il ne voulait y entrer qu'après avoir passé par l'École polytechnique. Il se présenta donc aux examens de 1807 ; il satisfit les examinateurs sur la plupart des questions ; il fut moins heureux sur quelques autres, ce qui empêcha son admission pour le moment. Seulement les examinateurs l'engagèrent à se présenter à un second examen, après avoir étudié avec un peu plus de soin les questions sur lesquelles il laissait à désirer, l'assurant qu'il obtiendrait un succès certain et même brillant, s'il le voulait.

Mais ces encouragements ne purent le consoler de l'échec qu'il venait de subir. Sa fierté se révolta d'un refus qu'il croyait immérité, et il résolut de s'engager immédiatement dans la marine. Recommandé par le préfet du Calvados, Caffarelli, à son frère, préfet maritime de Brest, le jeune d'Urville fut admis dans la marine en qualité de novice ou d'*aspirant provisoire*, et embarqué, le 26 novembre 1807, sur le vaisseau *l'Aquilon*. Ce fut une bonne fortune pour le débutant que son embarquement sur ce vaisseau. Le commandant Maingon, excellent marin et habile astronome, remarquant chez le jeune novice l'amour de l'étude joint à un esprit méditatif, conçut de l'affection pour lui, et la lui témoigna en lui enseignant à corriger les moyens, alors fort défectueux, d'observer et de faire usage des instruments nautiques. Ces leçons portèrent leur fruit.

Le 31 octobre 1808, jour où il débarqua de

l'Aquilon pour passer sur le lougre *le Requin*, Dumont-d'Urville obtenait, le premier sur soixante-douze concurrents, le grade d'aspirant de deuxième classe, et deux ans après celui d'aspirant de première classe, conférés l'un et l'autre à la suite d'examens qui promettaient un officier d'avenir.

Le 28 juin 1812 il fut nommé enseigne de vaisseau, et appelé en cette qualité à servir à Toulon. Pendant son séjour dans cette ville, il employa les loisirs que lui laissait le service militaire à satisfaire son insatiable passion d'acquérir de nouvelles connaissances. Interrogeant le ciel à l'observatoire de la marine, compulsant à la bibliothèque de la ville tous les ouvrages de science et de littérature qu'elle renfermait, il trouvait encore le temps de prendre d'un rabbin érudit des leçons comparées de grec et d'hébreu, et d'acquérir la connaissance de l'italien et de l'espagnol, tout en continuant les exercices d'anglais et d'allemand qu'il avait commencés à Brest. L'entomologie, et surtout la botanique, qu'il avait toujours passionnément aimée, occupèrent aussi ses loisirs, et il parcourut une partie de la Provence pour herboriser. Dumont-d'Urville ne demanda sans doute, et de premier abord, à ces sciences qu'un délassement nécessaire à la suite de travaux plus sérieux; mais bientôt, séduit par leur attrait irrésistible, il en fit une étude approfondie, et pourtant il ne prévoyait pas que ces travaux, qu'il se reprochait peut-être en secret, jetteraient un reflet brillant sur son avenir, et deviendraient un de ses premiers titres à la renommée.

En 1814, il fut embarqué sur le vaisseau *la Ville-de-Marseille*, se rendant à Palerme pour ramener en France la famille d'Orléans, composée alors de Louis-Philippe d'Orléans, de sa femme Marie-Amélie, et de leurs deux jeunes enfants, Ferdinand et Louise, leurs premiers-nés. Singulière coïncidence! Dumont-d'Urville, qui ramenait de l'exil un prince qu'une révolution devait appeler seize ans plus tard sur le trône, fut chargé de conduire hors de France et de déposer sur la terre d'exil le roi que cette même révolution avait détrôné.

Au retour de cette expédition il fut embarqué sur *le Suffren*, puis sur *le Royal-Louis*, et enfin sur la gabare *l'Alouette*. Il fit sur ces divers navires, de 1814 à 1816, quelques campagnes de peu d'importance.

En 1816 Dumont-d'Urville, qui jusque-là n'avait vécu qu'avec les livres, se décida à prendre une compagne. Il épousa Mlle Adèle-Dorothée Pepin, jeune personne remarquable par sa beauté, son instruction et sa vertu. Elle était fille de l'horloger de la marine de Toulon. L'union la plus parfaite régna toujours entre les deux époux; souvent, dans la suite, les circonstances les séparèrent; mais l'attachement les rapprocha toujours. Au moins Dumont-d'Urville, qui avait perdu successivement tous les membres de sa famille, ne se trouvait plus seul au monde : des extrémités de la terre, le foyer domestique était un centre autour duquel venaient se rallier ses pensées.

Pendant près de quatre ans, de 1816 à 1819, Dumont-d'Urville ne fut pas employé. Mécontent de cette inaction, à laquelle le condamnait l'égoïsme de quelques supérieurs, il prit un instant son état en dégoût, et fut sur le point de l'abandonner. S'il eût eu, à cette époque, plus de ressources ou moins de charges, il est probable qu'il aurait renoncé pour toujours à la marine et à ses projets de voyages, pour aller s'installer dans quelque village normand dont il eût fait innocemment la flore et la faune. C'eût été un grand malheur pour les sciences et la navigation. Heureusement l'amiral Hamelin le fit embarquer sur la gabare *la Chevrette*, commandée par le capitaine Gauthier, que le gouvernement français avait chargé de faire exécuter un travail hydrographique dans la mer Noire et dans la partie orientale de la Méditerranée.

CHAPITRE III

Première expédition. — La Vénus de Milo. — Premier voyage autour du monde.

C'est à la campagne que Dumont-d'Urville fit à bord de *la Chevrette*, pendant les années 1819 et 1820, qu'il dut le commencement de sa célébrité, et à ce titre cette expédition mérite de fixer l'attention des lecteurs.

Nous avons dit que la mission de *la Chevrette* était d'explorer l'Archipel grec et la mer Noire, pour en relever exactement les côtes, afin d'obtenir des cartes maritimes plus exactes de ces parages. Mais à ces travaux de l'expédition, qui étaient pour lui des devoirs, Dumont-d'Urville crut qu'il en pourrait mêler d'autres qu'il ne considérait encore que comme des plaisirs. Les sciences naturelles souriaient toujours à son esprit; elles ne lui fournissaient plus assez d'aliment. Il avait épuisé les richesses des environs de Toulon et de son jardin botanique; mais là s'était presque borné le cercle de ses recherches. Il aspirait à l'étendre, à sortir de ces étroites limites, à donner à ses études de plus vastes dimensions. Aussi fut-il enchanté en apprenant qu'il allait parcourir les rivages de la Grèce et de l'Asie Mineure, contempler une végétation en partie nouvelle pour lui, retrouver peut-être les espèces rares signalées par Tournefort, qui, plus d'un siècle auparavant, l'avait précédé dans ces contrées. Son espoir ne fut point trompé : il sut si bien mettre à profit et les occasions et l'obligeance de son commandant, qu'il rapporta une ample récolte de plantes et d'insectes dont le muséum du jardin des Plantes accrut ses collections.

Mais ce n'était point assez pour Dumont-d'Urville. Tout en parcourant d'un pas infatigable cette terre classique des héros, ces inépuisables champs des vieux souvenirs, tenant d'une main Strabon ou Pausanias, et de l'autre Tournefort, il interrogeait à la fois et la nature morte et la nature vivante, faisant de l'histoire avec les ruines, de la science avec les fleurs, et de l'étude avec toutes choses. Tout en herborisant, il recherchait la trace des anciennes villes, ou du moins la place qu'elles avaient occupée; il interrogeait les ruines des tombeaux et des temples, comme pour leur demander des nouvelles de leurs dieux et de leurs héros. Tant de persévérance, tant d'ardentes investigations méritaient une récompense digne des recherches du savant archéologue. Il ne tarda pas à l'obtenir.

Au mois d'avril 1820, *la Chevrette* relâcha sur la rade de Milo. Dumont-d'Urville, dès qu'il eut mis pied à terre, s'empressa, selon son habitude, de demander des renseignements sur les restes d'antiquités que renfermait cette île. Le consul de France, à qui il s'était adressé, lui apprit qu'un paysan grec, en bêchant dernièrement son champ, situé dans l'enceinte de l'antique Mélos, y avait trouvé deux

Hermès et une statue de marbre de Paros, formée de deux pièces jointes au moyen de deux forts tenons de fer. Dumont-d'Urville se fit aussitôt conduire sur le lieu de la découverte. Il examina avec attention, et bientôt avec admiration ce précieux reste d'un chef-d'œuvre; d'après les ornements et les attributs de la statue, il jugea qu'elle devait être la *Venus victrix,* principale déesse adorée à Milo. Le berger lui en proposa l'acquisition au prix de cent cinquante piastres grecques (environ 116 fr.). Dumont-d'Urville en fit part au consul, l'engageant à en faire l'acquisition pour le compte du gouvernement français. Mais le consul, fort peu connaisseur, refusa d'avancer cette somme, doutant que le buste la valût. « Il vaut au moins cinq mille francs, s'écria Dumont-d'Urville; eh bien, je l'achèterai pour mon propre compte, en le payant le double de ce qu'en demande ce paysan, et je croirai l'avoir pour rien. »

Le marché allait être conclu quand surgit un obstacle imprévu. Le capitaine Gauthier, plus hydrographe qu'antiquaire, déclara formellement qu'il lui était impossible de placer la statue sur *la Chevrette*.

Bien d'autres à sa place auraient abandonné ce projet; mais Dumont-d'Urville n'était pas homme à ne pas poursuivre jusqu'au bout avec persévérance, avec opiniâtreté, une entreprise qu'il avait une fois commencée. Quelque temps après, *la Chevrette* arriva à Constantinople. Aussitôt que le navire eut relâché dans ce port, Dumont-d'Urville courut à l'ambassade française, et remit au marquis de Rivière, à cette époque notre ambassadeur à Constantinople, une notice descriptive de l'admirable chef-d'œuvre trouvé à Milo. Convaincu, à la lecture de cette notice, qu'elle renfermait une appréciation raisonnée et sûre de ce que la sculpture ancienne a produit de plus parfait, le marquis de Rivière envoya sur-le-champ à Milo un de ses secrétaires d'ambassade, le comte de Marcellus, qui lui-même était un archéologue distingué, avec mission d'acheter à tout prix le trésor découvert par Dumont-d'Urville.

Peu s'en fallut que le comte de Marcellus

arrivât trop tard. Déjà la statue avait été vendue et livrée à un Grec, pour le compte d'un riche Turc. M. de Marcellus fut obligé de recourir à toute son habileté diplomatique et à toute sa fermeté pour surmonter ce nouvel obstacle. Enfin, après bien des pourparlers, après avoir désintéressé le nouvel acquéreur et récompensé l'ancien propriétaire, M. de Marcellus parvint à devenir possesseur de ce précieux marbre sans avoir déboursé plus de douze cents piastres (un peu moins de mille francs), et il ramena en France ce chef-d'œuvre de l'art antique, placé maintenant dans une des salles du Louvre, dont il est le plus bel ornement.

A son arrivée à Paris, la *Vénus de Milo,* pour l'acquisition de laquelle le consul de France n'avait osé avancer une centaine de francs, fut estimée par les connaisseurs plus de trois cent mille francs; encore était-ce pour dire un chiffre, car ce morceau est d'un prix inestimable, et le Musée ne le cèderait pas pour trois ou quatre fois cette somme.

Dans le premier moment, tout l'honneur de

cette conquête sur l'antiquité revint à l'ambassadeur, le marquis de Rivière, et à son secrétaire, le comte de Marcellus, dont les noms figurèrent seuls sur le piédestal de la Vénus de Milo : celui qui la leur avait signalée méritait au moins de partager cet honneur avec l'ambassadeur et le secrétaire d'ambassade, dont l'un n'avait fait qu'ordonner, et l'autre qu'opérer l'acquisition de ce chef-d'œuvre.

Mais, si son nom ne figura pas d'abord sur le piédestal de la statue, le public n'en connut pas moins, par les rapports officiels qui furent publiés à cette époque, la part importante qu'il avait prise à cette précieuse découverte.

Appelé à Paris au mois de décembre 1820, à la suite du commandant de l'expédition, il fut chargé d'en lire une relation à l'Académie des sciences. Mais le compte rendu des travaux hydrographiques de *la Chevrette* passionnèrent moins la savante assemblée et l'auditoire nombreux présent à cette séance, que l'épisode de la découverte de la Vénus de Milo, et même les excursions botaniques du jeune enseigne. Les journaux répétèrent son nom, et dès lors commença sa réputation.

Cependant ce ne fut pas sans un étonnement mêlé de fierté qu'il vit combien un simple marbre et quelques herbiers avaient amélioré, agrandi son cercle et sa considération, surtout parmi les savants et les connaisseurs. Pour montrer qu'il n'était pas au-dessous de sa réputation, il publia plusieurs mémoires sur l'histoire naturelle, l'archéologie, etc., résultats de ses travaux pendant la campagne qu'il venait de faire avec le capitaine Gauthier. Louis XVIII, pour récompenser le zèle intelligent de Dumont-d'Urville, lui donna, au mois d'août 1821, le brevet de lieutenant de vaisseau; puis il lui fit présent du grand ouvrage sur l'Égypte, en le créant chevalier de Saint-Louis.

Au mois de novembre de la même année, d'Urville devint, avec un de ses anciens camarades, M. Duperrey (1), occupant le même

(1) Il ne faut pas confondre ce savant marin, qui ne dépassa pas le grade de capitaine de vaisseau, avec l'amiral Duperré (Victor-Guy), qui conduisit en 1830 la flotte portant notre

grade dans la marine, un des membres fondateurs de la Société de géographie, qui venait d'être créée à Paris.

Le rapprochement de deux marins aussi distingués, animés l'un et l'autre de la même ardeur, devait donner naissance à quelque projet digne de l'un et de l'autre. Duperrey avait fait récemment, en qualité d'enseigne, un voyage autour du monde, sur la corvette *l'Uranie*, commandée par le capitaine Freycinet. Ce voyage avait principalement pour objet des observations sur les sciences naturelles, ainsi que des expériences sur le magnétisme terrestre et sur la figure de l'hémisphère austral. Au retour de ce voyage, qui dura près de trois ans (de 1827 à 1829), Duperrey avait été nommé lieutenant de vaisseau.

Dumont-d'Urville ne cessait d'interroger son ami sur les détails de ce long et magnifique voyage. Il écoutait avec une curiosité infatigable tous les détails des dangers qu'il avait courus, des découvertes qu'il avait faites. Son

armée en Algérie, et qui contribua puissamment à la prise d'Alger.

expédition dans un coin de l'ancien monde lui paraissait une promenade insignifiante, à côté de ces grands voyages de circumnavigation, où le globe entier se déroule devant les yeux des explorateurs, avec tous ses phénomènes, avec les productions si nombreuses et si variées de ses diverses latitudes. Mais quelle abondante moisson restait encore à récolter! Que de découvertes nouvelles étaient réservées encore à de nouveaux navigateurs!

Sous l'empire de ces idées, que partageait complétement son ami Duperrey, ils rédigèrent de concert un mémoire raisonné, contenant le plan d'un nouveau voyage scientifique à travers l'océan Atlantique et la mer Pacifique. Ce projet fut approuvé par le marquis de Clermont-Tonnerre, alors ministre de la marine.

La corvette *la Coquille*, en armement à Toulon, reçut un équipage de choix, et fut mise à la disposition de Duperrey, nommé commandant comme plus ancien de grade; on lui adjoignit Dumont-d'Urville comme second. L'état-major fut complété avec des officiers déjà éprouvés pour leur savoir et leur dévouement. L'expédition, chargée de recommandations pressantes, des instructions de l'Académie des sciences, et pourvue de tout ce qui pouvait en assurer le succès, partit de Toulon le 11 août 1822, et au bout de quelques jours elle voguait sur les eaux de l'Atlantique.

Après une courte relâche à Ténériffe, *la Coquille* continua sa route au sud-ouest, et, le 16 octobre, elle était en vue des côtes du Brésil, et entrait dans la baie de Rio-de-Janeiro, où elle fit sa première station. La traversée avait fourni aux hydrographes des observations précieuses : celles que la terre promettait aux naturalistes ne l'étaient pas moins. Tandis que Garnot étudiait les mammifères et les oiseaux, que Lesson recueillait des roches et des mollusques, Dumont-d'Urville, à qui étaient confiés les intérêts de la botanique et de l'entomologie, explorait, avec un zèle infatigable, la patrie des brillants insectes, des fleurs éclatantes, des fougères gigantesques, et trouvait des richesses nouvelles sur ce sol tant de fois moissonné.

L'expédition se dirigea ensuite vers les Malouines, où elle arriva le 20 novembre.

Les Malouines forment un groupe de deux grandes îles et de plusieurs petites, situées dans l'océan Atlantique austral, à l'extrémité sud de l'Amérique méridionale, et à peu près vis-à-vis du détroit de Magellan. Les Anglais les connaissent sous le nom de Falkland, imposé d'abord par l'amiral Strong, en 1689, au détroit qui les divise en deux parties, et appliqué ensuite aux îles elles-mêmes : celle de l'est prit le nom de East-Falkland, ou Soledad ou île Conti, et l'autre celui de West-Falkland. Vers la fin du XVIIe siècle, elles reçurent de navigateurs partis de Saint-Malo le nom de *Malouines*, que les Français leur ont conservé. Exposées à l'influence de courants rapides, les côtes des Malouines ont été morcelées par les eaux de la mer, et, sur leur pourtour, le navigateur découvre des golfes profonds, de vastes baies et des ports sûrs, où mouilleraient à l'aise des flottes entières. Loin de la plage, dans l'intérieur, le pays est entrecoupé de montagnes peu élevées, de plaines et de vallées dont le sol, quelquefois fertile, est plus souvent encore tourbeux et ingrat. Cependant la végétation est partout vigoureuse, mais peu développée, et limitée à quelques espèces, telles que les agames, les lichens, les hépaitques, les mousses, les plantes antiscorbutiques, etc. Les Malouines, étant situées par 51°-52° 45' de latitude sud, jouissent d'un climat assez tempéré, que l'on pourrait comparer à celui de l'Angleterre et des Pays-Bas, avec cette différence toutefois que les saisons s'y succèdent dans un ordre tout à fait inverse; ainsi, pour les habitants de ces îles, l'hiver commence au solstice de juin, et dure jusqu'à l'équinoxe de septembre, qui est le commencement de leur printemps; leur été commence en décembre pour durer jusqu'en mars; puis vient leur saison d'automne.

La Coquille, en arrivant aux Malouines en novembre, se trouvait donc dans une saison favorable pour ses travaux, puisque novembre correspond à notre mois de mai. Aussi, pendant un mois qu'elle y resta, Dumont-d'Urville parvint-il à compléter la flore de cet archipel.

Le 31 décembre, *la Coquille* doubla le cap Horn. Deux mois et demi furent employés sur les côtes du Chili, si remarquables par l'étonnante variété de leurs végétaux, et sur celles du Pérou, moins fécondes en plantes, mais qui ne laissent rien à désirer à l'entomologiste. Elle en partit le 22 mars 1823, et fit voile à l'ouest, à travers l'océan Pacifique, par la route que Bougainville avait ouverte aux navigateurs soixante ans auparavant.

Un monde nouveau allait se présenter à Dumont-d'Urville : l'Océanie avec ses îles immenses et ses archipels multipliés. La nature, qui ne se répète jamais, lui a imprimé une physionomie particulière. Elle a donné à la plupart des êtres qu'elle y a répandus de tels caractères d'étrangeté, qu'on dirait qu'elle avait oublié ses anciens types, ou qu'elle voulait essayer d'autres combinaisons. L'espèce humaine y est presque partout stupide ou féroce; les animaux et les plantes y forment, avec ce qu'on voit ailleurs, les plus bizarres contrastes. Mais, si l'imagination s'étonne un moment, elle fait bientôt place à l'admiration pour cette puissance créatrice, toujours diverse et toujours la même, qui se manifeste incessamment par le soin qu'elle prend de tous ses ouvrages.

Les voyageurs, avant Dumont-d'Urville, avaient fait les descriptions les plus effrayantes de la plupart des îles dont se compose l'Océanie.

« Ces terres, dit l'un d'eux, présentent de toutes parts des scènes propres à émouvoir l'imagination la plus froide. Que de nations encore novices! Que de grandes carrières ouvertes à la science du naturaliste, à l'activité du commerçant! Que de productions précieuses déjà conquises par notre luxe insatiable! Que de trésors encore cachés aux regards de la science! Que de golfes, de ports, de détroits, de hautes montagnes et d'agréables plaines! Quelle magnificence, quelle solitude, quelle originalité et quelle variété! Ici le zoophyte, habitant immobile d'une mer pacifique, crée, par l'accumulation de ses dépouilles, une enceinte de rochers calcaires autour du banc qui le vit naître. Bientôt les oiseaux, les vents y apportent quelques graines de semence; bientôt le jeune palmier balance sa tête verdoyante au-dessus des flots. Chaque bas-fond devient une île; chaque île devient un jardin. Plus loin, c'est un sombre volcan que nous voyons dominer sur la fertile contrée produite par la lave qu'il a vomie; une rapide et superbe végétation brille à côté d'un amas de cendres et de scories. Des terres plus étendues nous présentent des scènes plus variées : tantôt c'est le basalte qui s'élève majestueusement en colonnes prismatiques, ou couvre au loin le rivage solitaire de ses débris pittoresques; tantôt les immenses pics granitiques s'élancent avec audace vers la nue, tandis que, suspendue sur leurs flancs, la sombre forêt de pins nuance tristement l'immense vide de ces déserts. Plus loin une côte basse, couverte de palétuviers et de mangliers, s'abaissant peu à peu sous la surface des eaux, s'étend au loin en perfides bas-fonds, au milieu desquels les flots mugissants couvrent les noirs rochers de leur écume neigeuse. A ces sublimes horreurs quelle scène ravissante succéda tout à coup! Une nouvelle Cythère sort de l'onde enchantée : un amphithéâtre de verdure s'élève devant nous; des bosquets touffus mêlent leur feuillage sombre au clair émail des prairies; un éternel printemps, un automne éternel, y font éclore les fleurs et mûrir les fruits à côté les uns des autres; un parfum doux et exquis embaume l'atmosphère, qui est constamment rafraîchie par les brises de la mer; mille ruisseaux bondissent de coteaux en coteaux; leur murmure plaintif se mêle aux joyeux concerts des oiseaux qui animent les bocages. Sous l'ombre des cocotiers se montrent des cabanes riantes et modestes; la feuille de bananier les couvre, la guirlande de jasmin les enlace. C'est là que les hommes, s'ils pouvaient se dépouiller de leurs vices, mèneraient une vie exempte de troubles et de besoins; le pain leur croît sur ces mêmes arbres qui abritent leurs demeures... Leurs barques légères se jouent tranquillement dans ces lagunes protégées par un récif de corail, et qui, semblables à un vaste port, entourent l'île entière; jamais les vents courroucés n'osent agiter la surface de cette mer prisonnière (1). »

Ce tableau enchanteur, peut-être un peu trop poétique, n'a cependant rien d'exagéré. A part les *cabanes riantes et modestes,* qui ne ressemblent guère aux cases tristes et enfumées des habitants de la Nouvelle-Calédonie, de Tonga, de Fidgi, de Nouka-Hiva, et qui pourraient tout au plus convenir aux demeures des Taïtiens, depuis qu'ils se sont familiarisés avec la civilisation européenne, le reste est assez exact. Seulement, pour faire contraste à cette brillante peinture, l'auteur aurait dû nous montrer l'état misérable des hommes qui habitent la plupart de ces îles fortunées, et nous dire quels sont ces vices dont ils ont besoin de se dépouiller pour être heureux. Dumont-d'Urville et d'autres voyageurs qui ont, comme lui, parcouru l'Océanie, ont réparé cette erreur. D'après eux nous apprenons que ces sauvages, ces prétendus *enfants de la nature,* comme les appelaient J.-J. Rousseau et

(1) Malte-Brun et Huot.

les philosophes de son école, offrent en général, et à quelques exceptions près, les traits de la peur, de l'hypocrisie, du vol, des plus honteuses superstitions, de la plus révoltante férocité, et même de l'anthropophagie... Leur physionomie peint toutes les passions avec une mobilité difficile à saisir. Tantôt c'est la menace et la fureur; tantôt c'est une gaieté folle; mais toujours elle conserve quelque chose de faux et de sinistre. La défiance et l'ingratitude sont au fond de leur caractère. Les présents excitent leur cupidité; ils essaient d'enlever par la force ce qu'on leur a refusé, sans que les dons qu'ils ont reçus leur inspirent le moindre sentiment de justice ou de bienveillance.

La civilisation, à l'aide des principes de justice et de morale que donne une religion épurée, pourra seule faire disparaître les vices de ces peuples, et développer en eux le germe des qualités et des vertus morales, dont ils ne sont pas plus dépourvus que les autres hommes, comme la culture pourra décupler la valeur des produits de leur sol, et y introduire des plantes étrangères qui en augmenteront la richesse. Déjà on peut juger des résultats qu'il est permis d'espérer par les essais tentés, postérieurement aux voyages de Dumont-d'Urville, dans quelques îles de la Polynésie, à Taïti, à Tonga, aux îles Gambier ou Mangariva, à Fidgi, à Foutouna, et quelques autres îles dont les peuples, éclairés des lumières du christianisme, ont atteint un certain degré de civilisation qui ne permet plus de les confondre avec les sauvages perfides et anthropophages dont nous parlions tout à l'heure.

Ce fut, comme nous l'avons dit, au mois de mars 1823 que *la Coquille,* quittant les côtes du Pérou, se dirigeait vers les îles de la Société ou l'archipel d'Otahiti; mais, avant de parvenir à cette île enchanteresse, que les premiers navigateurs avaient représentée comme un paradis terrestre, il faut traverser plusieurs groupes de ces îles basses, bordées de récifs, la terreur des marins, qui les ont nommées l'archipel Dangereux. Les îles Pomotou, voisines de cet archipel, offrent aussi de grands dangers à la navigation. L'expédition courut quelques périls en traversant ces parages peu praticables. A peine les eut-elle dépassés, que la riante Otahiti s'offrit à ses regards comme une oasis au milieu du désert. Cette île n'était pas encore rangée sous le protectorat de la France, qu'elle ne devait accepter que dix ans plus tard; mais déjà le christianisme en avait amélioré les mœurs et les usages.

Dumont-d'Urville fut frappé des séduisants aspects de cette île fortunée, et surtout du luxe de végétation dont elle était couverte. Il y fit d'abondantes récoltes, et ses collections s'accrurent de plus en plus à Barabora, dans l'archipel de la Société, puis à la Nouvelle-Irlande et dans les Moluques, où *la Coquille* aborda successivement. Elle quittta Amboine le 28 octobre, fit le tour de l'Australie, et mouilla au port Jackson le 17 janvier 1824.

La relâche de *la Coquille* dans ce port fut d'environ deux mois. Dumont-d'Urville en profita pour explorer sans relâche les côtes voisines, et la baie fameuse à laquelle le grand nombre de végétaux singuliers qu'elle voit croître avait fait donner par les Anglais le nom de *Botany-Bay* (Baie de la Botanique). Il poussa ses excursions savantes au milieu des montagnes Bleues, et jusque dans les plaines de Bathurst, presque entièrement ignorées des naturalistes.

Le 20 mars, *la Coquille* s'éloigna des côtes de l'Australie, et fit voile vers la Nouvelle-Zélande. De là elle remonta au nord, pour aller reconnaître l'immense archipel des Carolines, relâcha à Oualan, un des groupes de cet archipel, dont Dumont-d'Urville dressa la flore.

De là l'expédition se rendit au havre de Dorey, afin d'étudier les côtes septentrionales de la Nouvelle-Guinée. Après une station du plus haut intérêt pour l'histoire naturelle et la géographie, elle traversa de nouveau les Moluques, visita Java, et revint en Europe par les îles Maurice, Bourbon (la Réunion) et Sainte-Hélène. Elle entra dans le port de Marseille le 25 avril 1825, après avoir parcouru, pendant une navigation de trente et un mois et treize jours, 24,894 lieues, et traversé sept fois la ligne équinoxiale.

Jamais voyage autour du monde n'avait été favorisé par les circonstances autant que le fut celui de *la Coquille*. Elle rencontra peu de ces tempêtes si fréquentes dans quelques-uns des parages qu'elle traversait. Elle n'eut presque point à souffrir des maladies, et revint sans avoir perdu un seul homme.

Aussi cette expédition fut-elle féconde en résultats. La découverte et la reconnaissance de plusieurs îles acquises à la géographie (les îles Clermont-Tonnerre, de Lostange, de Duperrey et de d'Urville), d'abondants matériaux pour les sciences physiques et pour la navigation, des études sur les mœurs et sur les langues des peuples de l'Océanie, de riches collections d'histoire naturelle : voilà le fruit de ses travaux; voilà ce qu'elle offrait à la France et au monde savant. Tous les officiers et les naturalistes de l'expédition y avaient également concouru; mais le plus zélé, le plus laborieux était sans contredit Dumont-d'Urville. Tous les moments dont ses devoirs lui permettaient de disposer étaient consacrés aux explorations ou à l'étude. Il ne se contentait pas de récolter des échantillons et de les dessécher : il prenait le soin de décrire et d'analyser toutes les plantes qu'il rencontrait, et même d'en reproduire par le dessin les organes délicats, avec les formes et la disposition que la pression devait leur faire perdre. Il les accompagnait de notes sur l'usage auquel chacune d'elles est employée, sur les noms qu'elles ont reçus chez les différents peuples, sur la nature et l'élévation du sol où elles croissent, sur les latitudes entre lesquelles elles sont renfermées.

L'herbier qu'il rapportait se composait de près de trois mille espèces. Dans ce nombre, quatre cents environ étaient nouvelles pour la science : le Muséum ne possédait qu'une partie des autres.

Dumont-d'Urville enrichit aussi le jardin des Plantes par des envois considérables de graines : beaucoup de plantes, auparavant fort rares ou tout à fait inconnues, se sont propagées de là dans les différentes contrées de l'Europe.

Quoique l'entomologie n'occupât que le second rang dans ses recherches, il avait rassemblé près de douze cents insectes, appartenant à onze cents espèces : quatre cent cinquante manquaient au Muséum, et trois cents n'avaient jamais été décrites.

CHAPITRE IV

Second voyage autour du monde. — Débris du naufrage de la Pérouse rapportés.

Dumont-d'Urville venait d'attacher son nom à une des plus belles expéditions que l'intérêt des sciences eût jamais fait entreprendre. Les rapports d'Arago et de Cuvier avaient solidement établi sa réputation comme officier de marine et comme naturaliste. Le grade de capitaine de frégate, qui lui fut conféré le 3 novembre 1825, et la décoration de la Légion d'honneur, furent la juste récompense de ses travaux; mais si cette récompense remplit son attente, elle ne le dédommagea point de la perte d'un fils, mort pendant son absence, et qui, malgré son âge tendre, donnait déjà les plus brillantes espérances.

Après avoir été éloigné de sa patrie et des siens durant près de trois années, après avoir exécuté tant de travaux, essuyé tant de fatigues, on aurait pu croire que Dumont-d'Urville eût songé à prendre quelque repos. Il n'en fut rien : à peine était-il revenu de ce premier voyage autour du monde, que déjà il en méditait un second. Il ne se rappelait point les nombreuses régions qu'il avait parcourues sans songer avec regret à toutes celles qu'il n'avait pu visiter, ou qu'il avait trop rapidement explorées. Son esprit se reportait sans cesse vers ces grandes terres de l'Océanie dont l'hydrographie et les productions lui paraissaient si peu connues ; vers ces myriades de petites îles qui peuplent le grand Océan, et sur lesquelles il n'avait recueilli que des notions insuffisantes. Il brûlait du désir de les revoir, pour approfondir ce qu'il n'avait qu'effleuré, pour ajouter aux observations qu'il avait faites, afin qu'après avoir tout coordonné ensemble il pût offrir à la science un travail complet. Il communiqua son projet à M. de Chabrol, ministre de la marine, en insistant principalement sur les avantages qu'aurait pour la France une connaissance exacte des côtes de la Louisiade et de la Nouvelle-Guinée, où il serait facile d'établir un système de colonisation. Le ministre hésitait encore, lorsqu'un incident du plus vif intérêt acheva de le déterminer.

Peu de temps après le retour de *la Coquille*, on apprit que le capitaine d'un navire baleinier anglais, en longeant les côtes bordées d'écueils d'une île située entre la Nouvelle-Calédonie et la Louisiade, avait aperçu, entre les mains des habitants venus à son bord, des épées sur lesquelles était gravé le mot *Paris*, et plusieurs pièces de monnaie frappées à l'effigie de Louis XVI; une croix de Saint-Louis pendait à l'oreille d'un des chefs. Interrogé sur l'origine de ces objets, un vieillard, après avoir rassemblé d'anciens souvenirs, répondit qu'ils provenaient d'un gros bâtiment qui, bien des années auparavant, avait été brisé sur les récifs.

Cette nouvelle, apportée à Paris par un officier anglais, qui lui-même avait vu des pièces de monnaie ou médailles semblables dans la Nouvelle-Calédonie, produisit une vive sensation. On sait que l'infortuné la Pérouse, parti, en 1785, pour un voyage de découvertes dans ces mers, avec deux navires nommés *la Boussole* et *l'Astrolabe*, après avoir accompli une partie de sa mission, avait cessé tout à coup de donner de ses nouvelles. D'Entrecasteaux avait été envoyé à sa recherche; mais il était mort sans atteindre le but. Personne dès lors ne douta plus que *la Boussole* et *l'Astrolabe* n'eussent péri dans une tempête, ou que la Pérouse et ses compagnons n'eussent été, comme Cook, immolés par de barbares insulaires. Depuis trente-sept ans le sort de ces infortunés était enveloppé d'une obscurité profonde, lorsque les indications, toutes vagues qu'elles étaient, dont nous venons de parler, firent renaître l'espoir de retrouver au moins quelques vestiges de cette malheureuse expédition. Ce n'était qu'une faible lueur; mais M. de Chabrol s'empressa de la saisir, et, comme le plan que venait de lui proposer Dumont-d'Urville se prêtait naturellement à des investigations de cette nature, le ministre l'adopta sans plus d'hésitation, en y ajoutant seulement l'invitation de faire toutes les recherches qui tendraient à fixer les incertitudes sur le lieu du désastre de l'expédition de la Pérouse.

La corvette *la Coquille* fut encore affectée à cette nouvelle expédition; mais, sur la demande de Dumont-d'Urville, elle prit le nom de *l'Astrolabe,* en mémoire de son illustre et infortuné devancier. Nommé commandant de cette expédition, on lui laissa le choix des hommes qui devaient l'accompagner. Après avoir composé son équipage de marins qu'il connaissait pour la plupart, et dont il était connu, il s'adjoignit des officiers et des naturalistes dont, depuis longtemps, il avait su apprécier le mérite et le zèle : Jacquinot et Lottin, qui avaient été du voyage de *la Coquille;* Gressien et Bertrand, qui avaient servi avec lui sous le capitaine Gaultier. Il prit pour la zoologie Quoy et Gaimard, de l'expédition de Freycinet, Lesson le jeune pour la botanique, et Sainsson comme dessinateur.

L'Astrolabe appareilla de Toulon le 25 avril 1826 : c'était le jour où, l'année précédente, sous le nom de *la Coquille*, elle avait touché le rivage de France. Après une courte relâche à Ténériffe, elle se dirigea sur l'Australie par le cap de Bonne-Espérance. Elle n'eut pas plutôt doublé la pointe méridionale de l'Afrique, qu'elle se vit assaillie par de violents coups de vent qui, au milieu de l'océan Indien, précipitèrent sa marche vers l'Australie. Elle parcourut plus de trois mille lieues marines sans toucher nulle part. Le port du Roi-Georges, sur le continent australien, fut sa première relâche. Après en avoir levé le plan, Dumont-d'Urville remit à la voile, traversa le détroit de Bass, fixa la position des écueils redoutés du Crocodile, doubla le cap Howe, et longea la côte de l'Australie jusqu'au port Jackson. C'est à partir de ce port que les grandes opérations de la campagne commencèrent. Il reconnut d'abord une partie de la côte nord-ouest de la Nouvelle-Zélande, exécuta des travaux hydrographiques dans le canal qui sépare les deux terres, et explora la côte orientale de l'île septentrionale jusqu'au cap Nord. Un tracé de quatre cents lieues de côte, et la détermination rigoureuse des baies, îles ou canaux, furent le résultat de ces travaux; ils durèrent près de deux mois, et assurèrent la connaissance entière d'une grande partie de ces parages, qui n'avaient encore été étudiés que superficiellement.

En se rendant de la Nouvelle-Zélande aux îles des Amis, *l'Astrolabe* fut plusieurs jours en danger de se perdre sur les récifs dont est semée la passe qui conduit au mouillage de Tonga-Tabou. Conduisant ensuite la corvette à travers les îles Viti, Dumont-d'Urville parcourut vingt jours durant ce dangereux archipel, déterminant, malgré les périls d'un naufrage incessant, la position de cent vingt petites îles, dont plusieurs étaient inconnues avant lui. Reliant ses opérations à celles de d'Entrecasteaux, il prit ensuite connaissance des îles les plus méridionales de l'archipel du Saint-Esprit, et leva la carte d'un groupe d'îles, celles de Loyalty, découvertes par les Anglais, qui n'en avaient transmis que des idées très-confuses. L'hydrographie en fut déterminée. Enfin il s'assura que la grande chaîne de récifs qui se prolonge au nord-ouest de la Nouvelle-Calédonie se termine exactement aux derniers qui avaient été vus par d'Entrecasteaux. Quittant les terres de la Louisiade, il remonta au nord, visita les îles Laughland, relâcha au havre Carteret de la Nouvelle-Irlande, longea la côte méridionale de la Nouvelle-Bretagne, qui n'avait été vue que de très-loin par le capitaine Dampier, et découvrit à l'ouverture de la vaste baie Montagne le groupe des îles du duc d'Angoulême.

C'est après avoir dépassé l'extrémité occidentale de la Nouvelle-Bretagne que d'Urville rendit un éminent service à l'hydrographie, entreprenant la reconnaissance de cette longue suite de côtes qui borne la Nouvelle-Guinée du côté du nord. Il les explora dans un développement de trois cent cinquante lieues, détermina les îles connues qui les bordent, et auxquelles il en ajouta quinze à vingt tout à fait inconnues avant lui.

De la Nouvelle-Guinée, Dumont-d'Urville fit voile pour Amboine, où il arriva le 25 septembre 1827, dix-sept mois après son départ de Toulon. Il ne s'arrêta dans ce port que le temps nécessaire pour réparer les avaries considérables éprouvées par la corvette pendant une si longue et si pénible navigation. Aussitôt que *l'Astrolabe* fut en état de reprendre la mer, Dumont-d'Urville partit d'Amboine (10 octobre), se dirigea sur l'extrémité sud de la terre de Van-Diemen ou Tasmanie, et vint mouiller dans le canal d'Entrecasteaux, sous les murs d'Hobart-Town, le 20 décembre.

Malgré les obstacles qu'elle avait rencontrés, *l'Astrolabe* venait d'accomplir avec un succès inespéré la première partie de sa mission. Plus de mille lieues de côtes, parmi les moins connues du globe, avaient été soigneusement relevées; les formes et la situation de cent cinquante îles avaient été fixées définitivement, et, dans ce nombre, cinquante à soixante n'avaient jusque-là figuré sur aucune carte; de nombreuses observations avaient été rassemblées sur les peuplades océaniennes, d'immenses collections avaient été faites dans les trois règnes de la nature. Réduite à ces proportions, l'expédition aurait déjà rendu plus de services qu'aucune de celles qui l'avaient précédée. Mais elle n'avait encore rien pu découvrir au sujet d'un des plus importants objets de sa mission. Vainement d'Urville avait sillonné dans tous les sens l'intervalle qui sépare la Louisiade de la Nouvelle-Calédonie, vainement il avait interrogé les rivages sur lesquels on pouvait supposer qu'avaient péri *la Boussole* et *l'Astrolabe;* il n'avait rien aperçu, rien recueilli; pas le moindre indice qui pût le mettre sur la voie de ce qu'il cherchait. Saisi enfin de découragement, il s'était éloigné de ces bords funestes pour se livrer à d'autres explorations.

Qu'on juge de sa surprise et de sa joie quand, dès son arrivée dans la rade d'Hobart-Town, il entendit parler des découvertes récentes faites dans les îles Malicolo ou plutôt Vanikoro (selon la rectification faite par Dumont-d'Urville, d'après la prononciation des indigènes). L'auteur de ces découvertes était un capitaine anglais nommé Dillon, que la compagnie des Indes avait envoyé, d'après des renseignements nouveaux, sur les traces de la Pérouse : tant le sort de ce grand navigateur avait éveillé de sympathie parmi tous les peuples civilisés ! Des détails plus précis, plus circonstanciés, sont donnés sur le naufrage des deux frégates qu'il commandait, sur les objets trouvés dans la possession des insulaires, et dont l'origine n'offre plus aucun doute : on parle même de deux vieux marins qui existeraient encore, triste débris de cette noble infortune !

Avec l'espérance qui renaissait dans son cœur, Dumont-d'Urville sentit de nouveau s'exalter son courage, et il n'hésita pas à traverser, pour la seconde fois, les huit cents lieues qui le séparaient de Vanikoro. Cependant, au souvenir des dangers qu'il avait courus, il dut prévoir pour la seconde *Astrolabe* un destin semblable à celui de la première, et il ne quitta la Tasmanie, le 5 janvier 1828, qu'après avoir fait partir pour la France des doubles de tous les matériaux dont l'expédition venait d'enrichir le monde savant.

Dès le 14 février, *l'Astrolabe* parut sur la côte orientale de Vanikoro, île montagneuse qu'entoure une énorme chaîne de brisants, et, après six jours de recherches, elle ne put trouver qu'un passage étroit et tortueux, qui la conduisit, à travers mille périls, dans la baie de Tevaï.

Dumont-d'Urville et ses compagnons abordèrent avec un religieux recueillement cette terre inhospitalière. Les informations qu'ils arrachèrent à la défiance des naturels, les objets qu'ils reconnurent entre leurs mains, achevèrent de dissiper ce qui pouvait rester encore d'incertitudes. Mais sur quel point de la côte s'étaient brisés les vaisseaux de la Pérouse? Pendant quelque temps les sauvages habitants de Vanikoro refusèrent de répondre à cette question : l'un d'eux, séduit à la vue d'un morceau d'étoffe rouge, conduisit MM. Jacquinot et Lottin au lieu même du naufrage.

Vis-à-vis de la côte occidentale de l'île, et sur la partie du récif devant laquelle est bâti le village de Payon, les officiers français aperçurent, disséminés dans la mer, parfaitement limpide dans ces parages, à une profondeur de quatre à cinq mètres, des canons, des ancres, des boulets, et un nombre considérable de masses de plomb. Plus de doute possible : ils avaient sous les yeux la triste vérité. C'était là que, quarante ans auparavant, avait péri, avec les deux navires qu'il commandait, une des gloires de la marine française! En rapprochant les renseignements qu'il venait d'obtenir de ceux qui avaient été recueillis précédemment par le capitaine Dillon, Dumont-d'Urville parvint même à se retracer, avec assez de vraisemblance, les circonstances qui avaient accompagné ce déplorable événement.

Suivant toutes les apparences, la Pérouse, lorsqu'il eut quitté Botany-Bay, en 1799, se dirigea vers les îles des Amis, comme il en avait formé le projet. Il dut relâcher à Namouka, où la reine de Tonga-Tabou assura positivement à Dumont-d'Urville qu'elle l'avait vu quand elle était toute jeune. De là il se rendit aux îles Viti, qu'il était chargé d'explorer; puis, ayant remonté par le nord des

Nouvelles-Hébrides, les deux frégates, pendant une nuit affreuse, se brisèrent sur les récifs de Vanikoro. La plupart des hommes qui les montaient périrent dans les flots; d'autres furent massacrés par les insulaires; ceux qui furent assez heureux pour échapper à ce double danger construisirent, avec les débris du naufrage, une grande barque sur laquelle ils se remirent en mer, laissant dans l'île deux de leurs compagnons. La barque elle-même, en voulant gagner les Moluques, se sera perdue sur les côtes périlleuses de l'archipel de Salomon, ou aura échoué près des îles Murray, dans le détroit de Torrès. Les deux marins abandonnés dans l'île y vécurent longtemps : à l'arrivée de *l'Astrolabe,* l'un était mort depuis quelques années; l'autre avait suivi un chef vaincu, qui s'était volontairement exilé.

Deux jours furent employés à recueillir les précieux restes de l'expédition de la Pérouse, et à les transporter sur la corvette. Dumont-d'Urville avait achevé sa mission. Cependant il ne voulut pas quitter Vanikoro sans ériger un monument à la mémoire des malheureux

Français qui y avaient trouvé la mort. Tandis que les hommes de l'équipage étaient occupés à ce pieux devoir, la fièvre se déclara parmi eux, sous l'influence de pluies perpétuelles et d'une atmosphère embrasée. Le commandant lui-même en fut attaqué. Le cénotaphe, construit sur le récif, au milieu d'une touffe de mangliers, se trouva néanmoins terminé, et, le 14 mars, l'inauguration en fut consacrée par trois décharges de mousqueterie et une salve de vingt et un coups de canon : touchante cérémonie, où les souvenirs de la patrie absente se confondaient, dans le cœur des assistants, avec les regrets excités par le sort de leurs frères (1) !

Chose étrange ! il demeura constant que Vanikoro n'est autre que l'île de la Recherche, dont d'Entrecasteaux avait approché de douze à quinze lieues en 1793, et qu'il semblait n'avoir ainsi nommée que pour l'indiquer aux navigateurs futurs. Dumont-d'Urville reconnut aussi qu'en 1823 *la Coquille* en avait passé à

(1) Éloge de Dumont-d'Urville, par M. Roberge, qui a obtenu le prix proposé par l'académie de Caen.

cinq à six lieues au plus de distance. N'était-ce pas, observe-t-il, par une sorte de fatalité attachée au nom de la Pérouse que deux expéditions françaises dussent arriver si près du théâtre de son infortune sans en avoir connaissance, et qu'une troisième ne put y pénétrer qu'au risque de partager son sort!

La maladie avait fait de rapides progrès : déjà la moitié des officiers et des matelots étaient hors de service. D'un autre côté, pendant que les forces de l'équipage diminuaient, l'audace des insulaires s'accroissait dans la même proportion. Dumont-d'Urville sentit qu'un séjour plus prolongé à Vanikoro l'exposerait à n'en sortir jamais; et, quoique épuisé par la souffrance, il fit tout préparer pour le départ. Le 17 mars 1828, *l'Astrolabe* traversa de nouveau, avec des difficultés inouïes, la terrible ceinture de brisants, et, disant adieu à l'humble monument qu'elle avait élevé, elle s'éloigna rapidement de ce triste rivage, où, au nom d'un grand peuple, elle venait d'acquitter la dette sacrée de la reconnaissance.

Après une nouvelle relâche de vingt-huit

jours à Guam, d'Urville se dirigea vers les Moluques, découvrit le groupe *Elivi*, explora quelques autres îles des Carolines, et, après un court séjour à Amboine, à Célèbes, il visita le cap Manado, et fit quelques acquisitions; il remit à la voile le 4 août, et le 25 mars 1829 il entra dans le port de Marseille, après une absence de trente-cinq mois et cinq jours, et après avoir parcouru encore plus de 25,000 lieues.

Ce voyage doit être compté comme un des plus remarquables qui aient jamais été entrepris dans ce genre. L'opinion des savants de tous les pays est depuis longtemps fixée sur ce sujet. Voici le jugement que Dumont-d'Urville a porté lui-même sur l'expédition qu'il commandait; c'est un extrait des mémoires inédits de l'illustre marin, qu'on lira avec d'autant plus de plaisir que le caractère de l'homme s'y peint tout entier.

« Cette aventureuse campagne, dit-il, a surpassé toutes celles qui avaient eu lieu jusqu'alors, par la fréquence et l'immensité des périls qu'elle a courus, comme par le nombre et l'étendue des résultats obtenus en tout genre. Une volonté de fer ne m'a jamais permis de reculer devant aucun obstacle. Le parti une fois pris de périr ou de réussir m'avait mis à l'abri de toute hésitation, de toute incertitude. Vingt fois j'ai vu *l'Astrolabe* sur le point de se perdre, sans conserver au fond de l'âme aucun espoir de salut. Mille fois j'ai compromis l'existence de mes compagnons de voyage pour remplir l'objet de mes instructions, et, durant deux années consécutives, je puis affirmer que nous avons couru plus de dangers réels chaque jour que n'en offre la plus longue campagne dans la navigation ordinaire. Braves, pleins d'honneur, les officiers ne se dissimulaient point les dangers auxquels je les exposais journellement; mais ils gardaient le silence et remplissaient noblement leur tâche.

« De ce concert admirable d'efforts et de dévouement résulta cette masse prodigieuse de découvertes, de matériaux et d'observations que nous avons rapportés pour toutes les connaissances humaines, et dont MM. de Rossel, Cuvier, Geoffroy-Saint-Hilaire, Desfontaines, etc., juges savants et désintéressés rendirent alors un compte exact (1). »

Ce fut à la suite de ce voyage que Dumont-d'Urville commença à mettre à exécution le système qu'il s'était imposé, de restituer aux îles découvertes par les navigateurs européens les noms que leur donnent les indigènes. Lorsqu'il s'est éloigné de cette marche, c'est qu'il ne lui a pas été possible de la suivre, soit que ces îles fussent innomées par les habitants, ou qu'il ait voulu rendre hommage aux travaux de ses prédécesseurs. Ainsi, pour lui, l'île d'Amsterdam est Tonga-Tabou; l'île de Rotterdam, Anamonka; les îles des Amis, l'archipel de Tonga; les îles Fidji, les Viti, etc.; mais il donne au détroit qui coupe la Nouvelle-Zélande le nom de Cook, pour lequel il avait une haute vénération, et dont il avait lu et relu les voyages. Quoique plusieurs critiques aient blâmé ce système, il n'en a pas moins été généralement adopté par les géographes.

(1) Extrait de la notice biographique de Dumont-d'Urville, par Vincendon-Dumoulin, *Voyage au pôle sud,* X[e] vol., p. 111 et 112.

Il rapportait de son voyage soixante-cinq cartes et plans, plus de douze cent soixante dessins pittoresques, quatre mille autres dessins d'histoire naturelle, huit à dix mille espèces de divers animaux de toutes classes, plus de trois mille planches anatomiques circonstanciées, plusieurs centaines d'échantillons de roches peu connues, et jusqu'à six mille six cents espèces de plantes. « C'est à ce point, disait dans son rapport G. Cuvier, sur un ton de vive gratitude, que les souterrains des galeries du Muséum ne suffisent pas pour contenir tant de riches récoltes, et que les magasins mêmes sont aujourd'hui tellement encombrés, c'est le véritable terme, que l'on est obligé de les diviser par des cloisons pour y multiplier les places. »

Les travaux que nous venons d'indiquer sommairement avaient été accomplis principalement par les compagnons de Dumont-d'Urville, sous sa direction, souvent avec son concours ou du moins avec les lumières de son expérience. Mais il est d'autres travaux qui lui appartiennent exclusivement, et qui eussent suffi à sa réputation : nous voulons parler de ses belles études de la géographie de l'Océanie, et des peuples qui l'habitent.

D'abondantes observations avaient déjà été recueillies, sur cette partie du monde, par les missionnaires et les navigateurs. Mais, dans le nombre, combien s'en trouvait-il d'inexactes, de superficielles! Combien de lacunes il restait à combler pour arriver à quelque chose de satisfaisant! Faites d'ailleurs de divers points de vue et sous des influences différentes, elles devaient souvent se contredire, et laisser dans l'esprit beaucoup d'incertitude. Pour en tirer parti, il fallait les comparer ensemble, les vérifier, les étendre, donner à celles qui en avaient besoin une sanction définitive : à ce prix seul on pourrait, de tous ces éléments épars, composer un ensemble aussi complet, aussi régulier que l'état de la science le permettrait. C'est ce que Dumont-d'Urville a entrepris et exécuté.

Les profondes recherches auxquelles il s'était livré sur les diverses peuplades de l'Océanie, sur leurs mœurs, sur l'aptitude que chacune d'elles montre pour les arts de la civilisation, sur leurs croyances religieuses, sur leurs idiomes, les rapprochements qu'il avait faits dans ses deux voyages, l'ont conduit à penser qu'elles peuvent toutes être rapportées à deux variétés de l'espèce humaine : la race cuivrée et la race noire. La première, dont l'Asie centrale dut être le berceau, est répandue dans la Nouvelle-Zélande, et dans cette multitude de petites îles disséminées au nord et à l'est du grand Océan, où elle aura été refoulée par la seconde. Celle-ci, qui sans doute est venue originairement, occupe les grandes et les petites îles situées à l'ouest : si elle a conservé, dans celles du nord, quelques-uns de ses traits primitifs, elle est allée s'abâtardir sur les grèves désolées de l'Australie et de la Tasmanie.

Telle est la base qu'a choisie Dumont-d'Urville pour la division géographique de l'Océanie. Il en a fixé la nomenclature, jusqu'alors incertaine et arbitraire. Son système consiste à diviser l'Océanie en quatre parties :

1° L'*Océanie orientale*, ou *Polynésie*, comprend la Nouvelle-Zélande et tous les archipels dispersés entre les tropiques, au milieu de la mer du Sud. Les habitants de race mongolique occupent le premier rang parmi les nations sauvages de cette partie de l'Océanie : ils ont une religion, des prêtres ou plutôt des espèces de devins, des lois, des gouvernements réguliers, et parlent tous la même langue.

2° L'*Océanie septentrionale*, ou *Micronésie*, s'étend au nord-ouest jusqu'au Japon, et embrasse toutes les petites îles connues sous les noms de Carolines, Mariannes, de Pelew, de Magellan, etc. Les habitants ont la même origine que les Polynésiens; mais ils parlent d'autres langues; ils ont des formes plus sveltes et un teint plus foncé; les uns et les autres sont généralement doux et accueillent bien les voyageurs.

3° L'*Océanie occidentale*, ou *Malaisie*, se compose des îles situées au sud-est de l'Indo-Chine : la race jaune, sous le nom de Malais, y est devenue conquérante à son tour, et resserre la race éthiopique dans l'intérieur des terres.

4° Enfin l'*Océanie centrale*, ou *Mélanésie*,

plus au sud-est encore, renferme la Nouvelle-Guinée ou Terre des Papous, l'Australie, la Tasmanie, la Nouvelle-Calédonie et tous les archipels répandus à l'orient, jusqu'à la Polynésie. Les habitants, plus noirs que les précédents, se font remarquer par leurs traits difformes, par leur férocité, par l'absence de toutes lois et de toute religion, par leur antipathie contre les Européens. Un grand nombre d'entre eux sont encore anthropophages. C'est l'espèce humaine descendue au dernier degré de l'abrutissement (1).

Ces quatre divisions, établies d'après leur position géographique, et ayant reçu en outre chacune une dénomination particulière tirée de circonstances propres à chacune d'elles (2), sont simples, rationnelles, et se gravent facilement dans la mémoire; aussi sont-elles aujourd'hui généralement adoptées par tous les géographes. Ce remarquable travail est sans contredit un des plus beaux titres de gloire de

(1) M. Roberge, *Éloge du contre-amiral Dumont-d'Urville.*

(2) Ainsi *Polynésie* signifie multitude d'îles; *Micronésie*, petites îles; *Mélanésie,* îles noires, de la couleur des habitants.

Dumont-d'Urville, parce qu'il prouve avec quelle intelligence supérieure il observait et les hommes et les choses. Chacun sait voir les détails; mais il n'y a qu'un esprit élevé qui puisse, comme le fait d'Urville, embrasser et comprendre l'ensemble.

CHAPITRE V

Contrariété éprouvée par Dumont-d'Urville. — Il est chargé de conduire Charles X et sa famille hors de France. — Troisième voyage autour du monde. — Résultats de cette expédition.

Dumont-d'Urville passa six ans à Paris. Il les employa principalement à la publication du voyage de *l'Astrolabe*. Peu de temps après son arrivée dans la capitale il éprouva des déceptions blessantes qui aigrirent son caractère, et développèrent en lui cette humeur chagrine qu'on lui a souvent reprochée. Il faut entendre avec quelle amertume il parle lui-même de ces déceptions.

« ... Si dans le cours de la campagne, dit-il

« dans ses mémoires inédits dont nous avons « cité un fragment, je ne ménageais point « les services ni les jours de mes compa- « gnons de voyage, du moins, dans les « comptes que je rendais au ministre de mes « opérations, je sollicitais pour eux les ré- « compenses dues à un dévouement si admi- « rable, avec cette âpreté, cette énergie que « donnent la conviction et la vérité... Inutiles « efforts!... A mon retour, je vis qu'aucun de « ces cordons accordés si souvent à l'intrigue « et aux bassesses n'avait été octroyé à mes « nobles compagnons... Indigné, je demandai « à être mis en jugement; j'offris ma démis- « sion... Après avoir mille fois affronté la « mort, après avoir couru tous les dangers « qu'il est possible d'imaginer, je ne me sen- « tais plus la force de ramper devant les « hommes qui disposaient des faveurs, et « mon indignation était parvenue au dernier « degré. »

Grâce à quelques personnes malveillantes, d'Urville, comme il le dit lui-même, après avoir mille fois affronté la mort, après avoir couru tous les dangers, vit toutes les demandes qu'il était si justement en droit de faire indistinctement repoussées. Ce cruel déboire, auquel il était loin de s'attendre, vint abreuver son cœur d'amertume et de dégoûts. Il en résulta pour le caractère de l'homme un surcroît d'humeur chagrine et sombre, et son indignation était difficile à cacher, avec les formes brusques et si peu mondaines qui lui étaient propres, et que le rude métier de marin n'avait point contribué à modifier. Sans aucun doute, d'Urville n'avait jamais été un homme du monde et encore moins un homme de cour; mais à cette époque surtout, habitué à commander, profondément blessé dans son amour-propre par les injustices dont il se croyait victime, froissé par ce qu'il appelait des dénis de justice, son esprit droit et juste se révoltait contre les actes du pouvoir; sa parole était brève, son abord froid, et, dans sa conversation, il ne pouvait plus déjà se ployer à ces formes bienveillantes sous lesquelles les hommes de cour savent si bien déguiser même leurs plus intimes pensées.

Cependant, le 8 août 1829, M. Hyde de Neuville, alors ministre de la marine, mais qui était sur le point de remettre son portefeuille, voulut signaler le dernier jour de son ministère par un acte de justice, en faisant signer au roi le brevet de capitaine de vaisseau pour d'Urville, et en ordonnant la publication du voyage de *l'Astrolabe* aux frais de l'État. Certes c'était là une grande satisfaction pour le commandant de *l'Astrolabe;* mais elle avait le tort immense d'arriver trop tard; le coup avait été trop vivement porté; et le chef de l'expédition, froissé de n'avoir pu obtenir pour ses compagnons de route les récompenses si légitimement acquises, triste et mécontent, ne pardonna jamais ce retard au gouvernement de Charles X.

Malgré l'ordonnance royale, malgré la volonté du nouveau ministre, M. d'Haussez, qui avait succédé à M. Hyde de Neuville, le commandant de *l'Astrolabe* éprouva encore de nombreuses contrariétés pour sa publication. Du moment qu'elle fut définitivement arrêtée, d'Urville se renferma uniquement dans cette occupation, et y consacra régulièrement dix heures par jour. C'est ainsi que dans moins de six mois, après avoir étonné le monde par l'audace du marin, la persistance infatigable du savant, il vint l'étonner encore par la fécondité de l'écrivain et de l'auteur.

A cette époque encore, il éprouva un nouvel échec auquel il ne fut pas moins sensible. L'Académie des sciences avait hérité de grandes richesses à la suite de la campagne de *l'Astrolabe*, et c'était pour d'Urville un désir bien naturel que celui d'aspirer à faire partie de cette savante assemblée; plusieurs académiciens l'engagèrent à se mettre sur les rangs, lui manifestant leur résolution de l'admettre dans leur corps. Une place vint à vaquer : M. de Rossel, décédé le 20 novembre 1829, avait, pour ainsi dire, désigné dans ses rapports le commandant de *l'Astrolabe* pour le remplacer dans la section de géographie et de navigation. Tous ses amis et lui-même regardaient son élection comme certaine. Aussi quel ne fut pas son désappointement, lorsque le dépouillement du scrutin vint lui signaler le nom de son heureux concurrent, l'amiral Roussin! Vivement blessé dans son amour-propre, il ne dissimula pas son mécontentement, et contre le gouvernement, qu'il supposait avoir patronné son concurrent, et contre l'Institut, qui le lui avait préféré. A la fin du récit du voyage de *l'Astrolabe*, sous le titre de *Conclusions et Réflexions*, il donna cours d'une manière fâcheuse à toute son indignation. Incapable de déguiser ce qu'il y avait d'amertume dans son cœur, il dut par l'âpreté de son style, peinture fidèle de son caractère droit et ferme, mais si peu courtisan, il dut, disons-nous, s'aliéner à tout jamais les bureaux ministériels et le corps savant de l'Institut.

« Aussi dès ce moment, dit-il, on ne me « revit plus ni chez aucun ministre, ni à au- « cune séance de l'Académie; je sentis que « je n'avais plus rien à attendre que du pu- « blic et de la postérité. Je ne songeai plus « qu'à leur présenter le récit de mes voyages « et les résultats de mes travaux. Je me féli- « citai même d'être réduit, pour ainsi dire, « à éviter certains hommes dont je détestais

« les voies. Mon amour de l'indépendance,
« mon horreur pour les intrigues, s'étaient
« encore accrus par les échecs que j'avais
« éprouvés, et que je n'attribuais qu'aux ca-
« bales dont j'avais été l'objet. Renfermé dans
« mon cabinet, et borné au commerce d'un
« très-petit nombre d'amis qui partageaient
« mes principes, je voyais avec douleur l'orage
« qui grondait sur notre belle patrie, et les
« épouvantables désastres qui devaient en être
« la conséquence inévitable. »

Et, en effet, Dumont-d'Urville, après avoir été vraiment cosmopolite pendant six années, menait alors en famille une vie laborieuse et casanière, dans l'obscure et petite rue du Battoir-Saint-André-des-Arcs, lorsque tout à coup éclata la révolution de 1830. Après trois jours de combats dans Paris, Charles X perdit la couronne, et la France changea de dynastie.

On peut penser qu'avec ses opinions chagrines et indépendantes, Dumont-d'Urville accueillit avec transport ce changement. Dès le 31 juillet, il alla offrir ses services au gouvernement provisoire. Le 2 août, il fut mandé au ministère de la marine; c'était pour recevoir la mission de conduire hors de France Charles X et sa famille.

Du moment où Dumont-d'Urville fut chargé de cette pénible mission, mettant de côté tous ses ressentiments personnels, toutes ses opinions politiques, il ne vit plus, dans la famille remise à ses soins, que des princes malheureux confiés à sa sollicitude.

Le 3 août, il se rendit au Havre pour fréter deux paquebots américains, *le Great-Britain* et *le Charles-Caroll*, puis pour les conduire à Cherbourg, où Charles X devait s'embarquer. Le 7, les deux paquebots étaient amarrés dans le port de Cherbourg, et le 16, toute la famille royale s'embarquait sur *le Great-Britain*, commandé par le capitaine d'Urville. Celui-ci sut concilier, dans cette circonstance délicate, la fermeté du devoir avec les égards réclamés par une grande infortune.

Pendant la traversée, qui dura six jours, d'Urville eut la délicatesse de ne mettre aucun uniforme; il resta pendant trois jours et trois nuits continuellement sur le pont, manœuvrant lui-même, et abandonnant son appartement à la famille royale. Il eût de si grands égards pour d'augustes infortunes, que le duc d'Angoulême finit par lui dire, en parcourant l'atlas de son voyage : « Je m'étonne, commandant, qu'on ne m'ait jamais présenté ni votre personne ni vos ouvrages. » Il eut aussi plusieurs entretiens avec Charles X; un jour ce malheureux monarque lui dit avec bonté : « Monsieur d'Urville, je suis très-fâché de ne vous avoir pas mieux connu au temps de ma prospérité; je m'aperçois qu'il y a en vous un homme de tête et de cœur. » Le célèbre navigateur répondit avec son austère franchise : « Sire, quand vous étiez roi de France, je me suis toujours éloigné de vos antichambres; mais maintenant que vous êtes dans le malheur, c'est un honneur et un devoir pour moi de me rapprocher de votre auguste personne. »

Le Great-Britain aborda à Portsmouth, où la famille royale débarqua, après une traversée qui n'avait offert aucun incident remarquable.

Après cette courte expédition, Dumont-d'Urville se remit tranquillement au travail. Il n'était qu'au quatrième volume quand la révolution de juillet vint l'interrompre, et l'ouvrage devait avoir vingt volumes. Soit qu'il n'eût pas la patience d'attendre la réputation que lui promettait un aussi grand travail, soit pour céder au goût du jour, il publia, tout en continuant la rédaction de son œuvre principale, un ouvrage en deux volumes intitulé : *Voyage pittoresque autour du monde.* Ce voyage purement imaginaire, qui devait être un résumé systématique des principaux voyages de découvertes, obtint un grand succès, mais que la science lui a souvent reproché. Cet ouvrage a eu plusieurs éditions; seulement dans les dernières on supprimait le mot *pittoresque*.

Il n'eut pas, à ce qu'il paraît, à se louer beaucoup plus du gouvernement de Juillet que de la restauration; ou plutôt sa misanthropie susceptible retrouva dans les courtisans du nouveau régime tout ce qui l'avait blessé dans ceux de l'ancien. Il ne parut donc qu'une fois ou deux à la cour de Louis-Philippe; puis il se renferma dans la solitude pour continuer ses travaux jusqu'à leur entier achèvement, qui eut lieu en 1835.

Alors il quitta Paris avec sa famille, et se rendit à Toulon, « pour y remplir, dit-il, les obscures fonctions auxquelles est assujetti un capitaine de vaisseau dans le port. » Un malheur de famille l'y attendait; le choléra, qui désolait alors la Provence, lui ravit sa fille, et il ne lui resta plus qu'un fils, de six à sept ans, nommé Jules comme le premier, et qui, comme lui, était doué des plus heureuses dispositions. Il devint l'objet des soins et de la sollicitude de son père, qui voyait maintenant renfermées en lui seul toutes ses espérances.

Il vivait dans une modeste retraite, qu'il appelait sa *Juliade;* ce repos absolu n'était ni dans ses goûts ni dans ses habitudes, et depuis longtemps il mûrissait dans son esprit le plan d'un troisième voyage de circumnavigation; mais les ministres de la marine qui avaient successivement rempli ces fonctions depuis 1830 n'étaient nullement favorables à ces sortes d'expéditions; et ceci n'était pas un des moindres griefs de Dumont-d'Urville contre le gouvernement de Juillet; aussi c'était l'âme aigrie par ces mécomptes, et par beaucoup d'autres, qu'il avait quitté Paris pour vivre dans la retraite. Enfin la nomination de l'amiral Rosamel au ministère de la marine lui rendit l'espoir de voir accepter sa proposition. Il prépara aussitôt son plan, et l'envoya au ministre. Celui-ci l'approuva complétement, et, pour le mettre à exécution, donna ordre d'équiper les deux corvettes *l'Astrolabe* et *la Zélée*.

Le but de l'expédition, tel que l'avait indiqué d'Urville, était de continuer les recherches commencées dans l'Océanie, d'explorer des archipels et des côtes peu connus, principalement aux îles Salomon, dans la Papouasie et à Bornéo, d'étudier le dangereux détroit de Torrès, entre l'Australie et la Nouvelle-Guinée, et de recueillir partout de nombreuses observations sur la physique du globe.

Le roi Louis-Philippe ajouta quelques instructions particulières à ce plan. Il lui recommanda de s'avancer dans les mers australes, et de tenter d'approcher du pôle sud le plus qu'il lui serait possible, tant pour s'assurer de l'existence présumée d'un continent dans ces parages que pour vérifier l'assertion du capitaine anglais Weddel, qui annonçait avoir navigué, en 1823, sur une mer libre par delà 74° de latitude sud.

Ce plan souleva à la tribune, à l'Académie des sciences et dans tous les organes de la presse opposante, un concert de critiques dont d'Urville fut profondément blessé. Arago prit l'initiative, le 6 juin 1837, à la chambre des députés. Dans la pensée des auteurs du plan, la recherche du pôle sud ne devait être qu'un épisode en quelque sorte facultatif, auquel le commandant renoncerait si les glaces formaient un obstacle sérieux. Le savant secrétaire perpétuel la représenta comme un objet de pure curiosité, qui n'aurait qu'un résultat purement négatif pour les sciences et le commerce, et qui pouvait tout au plus faire connaître, ce qui était avéré depuis longtemps, qu'il y avait au pôle sud un jour et une nuit de six mois. Il ne s'arrêta pas là : il blâma le choix des bâtiments destinés à l'expérience, et alla jusqu'à prédire que, si Dumont-d'Urville s'engageait au delà des premiers obstacles qu'il devait s'attendre à rencontrer, la chambre serait forcée, l'année suivante, de voter des fonds pour l'aller chercher. Après avoir dénié toute espèce d'utilité à l'exploration du pôle sud, il contesta que le voyage équatorial pût produire aucun résultat : d'abord parce que l'itinéraire était tracé sans discernement, comme si l'on s'était proposé d'indiquer où *l'Astrolabe* devait aller pour avoir la chance de ne point faire de découvertes; ensuite parce que les instruments dont il serait fait usage pendant la campagne n'auraient pas été éprouvés avant le départ.

De Toulon, où il s'occupait activement des préparatifs de son départ, Dumont-d'Urville répondit à ces attaques. Sa lettre, du 14 juin, fut d'autant plus vive que depuis longtemps déjà une mésintelligence ouverte régnait entre lui et le savant astronome, auquel il attribuait plus particulièrement sa non-admission à l'Académie. Dès 1830, il s'était plaint à la Société de géographie de la profonde indifférence témoignée par Arago pour ses expériences de température sous-marine exécutées sur *l'Astrolabe,* indifférence attestée par le silence qu'il avait gardé à leur égard, bien qu'il eût promis d'en faire l'objet d'un rapport.

La réponse de Dumont-d'Urville ne fut pas seulement violente, elle fut maladroite, en faisant intervenir dans le débat le roi Louis-Philippe, à qui elle reportait l'idée première d'une exploration au pôle sud. C'était faire la partie bien belle au spirituel et incisif secrétaire de l'Académie, qui, dans sa longue réponse du 12 juillet suivant, fit pleuvoir sur Dumont-d'Urville et sur le royal promoteur d'une pointe au pôle sud un déluge de sarcasmes, entremêlés de fines critiques du précédent voyage de *l'Astrolabe,* et de celui qu'elle allait entreprendre.

Cette polémique irritait Dumont-d'Urville, et l'eût peut-être jeté dans le découragement, s'il n'eût reçu des témoignages marqués de bienveillance et les encouragements les plus sympathiques de deux savants étrangers, MM. de Humboldt et de Krusenstern, que n'aveuglait pas l'esprit de parti.

Enfin, le 7 septembre 1837, *l'Astrolabe* et sa conserve *la Zélée*, celle-ci commandée par le capitaine Jacquinot, un des plus anciens et des plus fidèles compagnons de Dumont-d'Urville, quittaient le port de Toulon, qu'elles ne devaient plus revoir qu'en novembre 1840.

Trois mois après leur départ, elles entraient dans le détroit de Magellan pour le parcourir dans les deux tiers de son étendue, et relever tous les accidents de ce développement de plus de cent lieues de côtes. Les dangers de ce canal furent signalés, mais aussi les avantages qu'y trouveraient les baleiniers français, auxquels il épargnerait du moins le long circuit et les tempêtes du cap Horn.

Après avoir consacré vingt-sept jours aux travaux hydrographiques, aux observations de physique et d'histoire naturelle, l'expédition se dirigea en toute hâte vers les régions australes.

C'était l'été pour cet hémisphère; mais, dans les parages vers lesquels s'avançaient *l'Astrolabe* et *la Zélée*, l'été n'est qu'une trêve de quelques jours, qui semble accordée à regret par un hiver perpétuel.

Le 15 janvier, dès 59°, l'expédition aperçut des glaces flottantes, et bientôt elle se vit enveloppée d'épaisses brumes que l'œil ne pouvait pénétrer. Elle continua de naviguer au milieu de ces blocs redoutables, dont le nombre et la dimension augmentaient à chaque instant. Arrivée à 64°, elle fut arrêtée, le 22 janvier, par une barrière insurmontable : c'était une plaine de glace, dont le regard cherchait vainement à embrasser l'étendue. La surface était hérissée de masses de toutes les formes, de toutes les grosseurs, confusément entassées. Il faut lire, dans la relation de Dumont-d'Urville, la description des terribles merveilles que présentent ces régions du globe. Son style, ordinairement aride et froid, s'élève jusqu'à la véritable éloquence.

« Au-dessus de ces masses de glace, dit « Dumont-d'Urville, s'en élevaient d'autres, « à cent et cent vingt pieds de hauteur, qui « semblaient être les grands édifices d'une « cité de marbre blanc ou d'albâtre, et qui « affectaient les apparences les plus singu- « lières quand les rayons du soleil venaient

« les éclairer. Tantôt on eût dit d'une ville « immense, avec ses palais, ses dômes et ses « tours; d'autres fois, de jolis villages situés « sur le bord d'une tranquille grève, et en- « tourés de bouquets d'arbres; le plus sou- « vent, de vastes carrières de marbre, parse- « mées d'une foule de blocs diversement taillés. « Sévère et grandiose au delà de toute expres- « sion, ce spectacle, tout en élevant l'imagi- « nation, remplit le cœur d'un sentiment « d'épouvante involontaire; nulle part l'homme « n'éprouve plus vivement le sentiment de son « impuissance. C'est un monde nouveau, mais « un monde inerte, lugubre et silencieux, où « tout le menace de l'anéantissement de ses « facultés. Là, s'il avait le malheur de rester « abandonné à lui-même, nulle ressource, « nulle consolation, nulle étincelle d'espérance « ne pourraient adoucir ses derniers moments. « Il faudrait graver là l'inscription que le Dante « place sur la porte de l'enfer :

« LASCIATE OGNI SPERANZA, VOI CH' ENTRATE... »

L'escadre côtoya, parmi des montagnes de

glace, les flancs énormes de la banquise, qui, tournant tout à coup au nord, la ramena jusqu'à 61° : plusieurs jours furent consacrés, dans l'archipel des South-Orkneys, à des observations hydrographiques.

Les deux corvettes reprirent la route du sud-est : le 4 février, elles rencontrèrent de nouveau l'infranchissable barrière. Dumont-d'Urville aperçut un passage étroit, et s'y engagea dans l'espoir de trouver plus loin la mer libre qu'il cherchait. Vain espoir! l'extrémité du canal était fermée, et l'expédition reconnut avec effroi qu'elle était resserrée entre deux banquises, et de toutes parts environnée de glaces, sans pouvoir avancer ni retourner sur ses pas. Il y eut un moment de terrible angoisse, lorsque les équipages crurent que toute chance de salut leur était enlevée. L'intrépide commandant se montra calme au fort du danger : il donna les ordres nécessaires avec sa présence d'esprit accoutumée; mais ce ne fut qu'après des fatigues et des souffrances inouïes que l'escadre parvint à se frayer une route de vive force, à travers une

6

muraille de glace de plus d'un mille d'épaisseur.

Dumont-d'Urville se dirigea encore une fois vers le sud : il retrouva la banquise. Il la suivit pendant cinq jours de l'ouest à l'est, avec une persévérance que le succès eût dû couronner; puis, s'apercevant qu'elle le ramenait au nord, comme elle l'avait déjà fait, il renonça à toute nouvelle tentative sur ce point, pour faire prendre à ses compagnons un repos dont ils avaient grand besoin, après un mois de la navigation la plus difficile et la plus périlleuse.

L'Astrolabe et *la Zélée* eurent bientôt regagné le groupe des South-Orkneys, qui fut exploré avec soin. L'expédition visita ensuite les New-South-Shetlands; et plus au sud elle découvrit, entre le 63e et le 64e parallèle, les côtes de contrées inconnues et glacées qui reçurent les noms de *Terre Louis-Philippe*, de *Terre Joinville* et d'*Ile Rosamel*.

Cependant les fatigues d'un voyage si pénible, et l'intempérie de ces affreux climats, avaient compromis la santé des équipages. Le 7 mars, Dumont-d'Urville quitta ces tristes parages pour se rendre dans un des ports du Chili. Déjà le scorbut s'était déclaré parmi les deux équipages avec les symptômes les plus alarmants. Il ne fit qu'augmenter pendant la traversée. Presque tous les hommes en furent atteints; deux en moururent; plus d'une fois les officiers se virent obligés de prendre une part active à la manœuvre.

Le 7 avril, l'escadre arriva à Talcahuano. Le climat délicieux dont on jouit dans ce port, joint aux soins et au régime, eut bientôt rendu la santé aux équipages. Le 29 mai, les corvettes reprirent la mer et firent voile à l'ouest, dans la direction qu'avait suivie *la Coquille* en 1823. Dumont-d'Urville se retrouvait en quelque sorte en pays de connaissance; il reconnut l'île de Juan-Fernandez, et visita en détail les archipels de Manga-Reva, de Nouka-Hiva, d'Otahiti, où il recueillit de nombreuses observations. Une rapide traversée le porta aux îles Hamoa, qu'il parcourut, puis aux îles Hapaï, et enfin il entra dans l'archipel des îles Viti.

Quelques années auparavant, un brick du

commerce de Bordeaux, *la Joséphine,* capitaine Débureau, avait abordé à une de ces îles, nommée Piva. Le malheureux capitaine et tout son équipage furent massacrés par les féroces habitants de cette île, qui firent de leurs corps un horrible festin. Dumont-d'Urville, instruit de ces détails, se crut obligé, pour l'honneur et la sûreté du pavillon de la France, de tirer une vengeance éclatante de cet attentat.

L'expédition explora ensuite, dans les Nouvelles-Hébrides, le groupe de Banks, dont l'existence était seule certaine. Elle visita ensuite Vanikoro, où elle salua le cénotaphe de la Pérouse, et commença, le 18 novembre, le relevé des îles Salomon; plus de deux cents lieues de côtes à peu près inconnues furent étudiées. D'Urville se dirigea ensuite au nord, traversa les Carolines, et, le 1er janvier 1839, il arrivait à l'île de Gouaham, la principale des Mariannes. Il consacra près d'une année à des travaux hydrographiques et à des recherches d'histoire naturelle dans les Philippines, les Moluques et les îles de la Sonde. Enfin l'escadre vint au sud, fit le tour de l'Australie, et alla mouiller au mois de décembre dans la rade d'Hobart-Town.

Dumont-d'Urville eût pu dès lors revenir en France, car sa mission était remplie, malgré l'insuccès de sa première tentative pour entrer dans les mers polaires; mais, pendant sa relâche à Hobart-Town, il apprit que deux expéditions rivales de la sienne venaient d'être envoyées dans les mers antarctiques : l'une anglaise, commandée par le capitaine Ross; l'autre américaine, sous le commandement du lieutenant Wilkes. Son parti fut bientôt pris. Au sud d'Hobart-Town, entre les 120e et 170e degrés de longitude, il existait un espace immense qui n'avait pas été exploré par ses prédécesseurs; il ne voulut pas laisser à des étrangers la gloire d'y pénétrer avant le pavillon français.

Le 1er janvier 1840, laissant ses malades à Hobart-Town, il quitta la rivière de Derwint, cingla le cap au sud, sous toutes voiles, pour attaquer de nouveau les glaces antarctiques, et manœuvra avec tant d'audace et de précision, que vingt et un jours après il atteignit sous le cercle polaire, non loin du pôle magnétique, par 66° 30' de latitude sud et 138° 21' de longitude est, un immense ruban de terres s'étendant à perte de vue du sud-est à l'ouest-sud-ouest, haut de 400 à 600 mètres, entièrement couvert de glace et de neige qui en avaient complétement nivelé la cime, tout en laissant subsister les ravines sur la pente des terres, ainsi que les baies et les pointes au rivage. Tantôt ces glaces n'offraient qu'une nappe plane, uniforme, d'une blancheur terne et monotone; tantôt leur surface était sillonnée, hachée, trouée, tourmentée, comme si elles avaient subi l'action d'une violente convulsion ou d'un dégel subit et irrégulier dans ses effets. Un grand nombre de montagnes de glace, récemment détachées de la côte, n'avaient pas encore eu le temps de s'éloigner, et en défendaient le plus souvent l'approche. Il suivit néanmoins cette terre l'espace de cent cinquante milles : les banquises l'empêchèrent d'aller plus loin. Convaincu enfin que le passage qu'il cherchait n'existait pas, et voyant les corvettes menacées de rester emprisonnées au milieu des glaces, il résolut de reprendre la route du nord, non sans s'être assuré que le pôle magnétique austral devait se trouver sur la terre qu'il venait de découvrir ou sur les glaces qui l'accompagnent. Toutefois, avant de rétrograder, il assembla les officiers et leur annonça solennellement, en présence des équipages, que cette terre porterait désormais le nom de *Terre Adélie.* « Cette désignation, « ajouta-t-il, est destinée à perpétuer le sou- « venir de ma profonde reconnaissance pour « la compagne dévouée qui a su par trois fois « consentir à une séparation longue et dou- « loureuse, pour me permettre d'accomplir « mes projets d'explorations lointaines. »

Revenu à Hobart-Town, après avoir eu à triompher de bien des obstacles, il rembarqua ses malades, et remit sous voiles, le 25 février, pour continuer ses travaux dans l'Océanie. Il explora d'abord les îles Aukland, où les hydrographes et les naturalistes recueillirent d'abondants matériaux. De là il se rendit à la Nouvelle-Zélande, dont il releva la côte orientale. Arrivé au détroit de Cook, il s'y engagea, et vérifia les observations qu'il y avait précédemment faites. L'expédition fit voile ensuite vers les îles Loyalti, en reconnut la bande orientale, puis la partie méridionale de la Louisiade, dont le nord seulement avait été visité par d'Entrecasteaux. Sur la route, de nombreuses lacunes géographiques furent comblées, des erreurs graves relevées; ainsi, la grande île de d'Entrecasteaux fut reconnue appartenir au continent de la Nouvelle-Guinée, dont elle forme la pointe la plus orientale.

Le 1er juin, l'expédition s'engagea dans le redoutable détroit de Torrès, dont elle avait mission de reconnaître et de signaler les points dangereux. Pendant ce périlleux travail, les deux corvettes touchèrent sur des bancs sous-marins, et échappèrent comme par miracle à un désastre qui eût fait perdre tous les fruits de l'expédition. Dumont-d'Urville, dégagé de cette terrible position, consacra six jours à étudier toutes les parties du détroit, dont ses observations ont rendu la navigation aussi facile et aussi sûre qu'elle avait été pour lui pénible et dangereuse.

Là se bornait sa mission; d'Urville ne songea plus qu'à franchir l'espace de cinq à six mille lieues qui le séparait de la France. Après une courte relâche aux Moluques, il traversa l'océan Indien, gagna l'île Bourbon, puis l'île Sainte-Hélène, et enfin, le 6 novembre 1840, il entra avec ses deux corvettes dans la rade de Toulon, après trente-huit mois d'absence, ayant parcouru la moitié des mers qui couvrent le globe, traversé sept fois l'équateur, et pénétré sous le cercle polaire austral.

Les résultats scientifiques de cette expédition furent immenses. Elle se recommandait surtout par la découverte de terres nouvelles, par d'immenses travaux de géographie et de navigation, par des observations multipliées de physique et de météorologie. Les études comparatives de mœurs et de races, les recherches d'histoire naturelle n'avaient pas non plus été négligées. Chacun put aller visiter les riches collections d'histoire naturelle qui, pendant plus d'un mois, furent exposées dans une des plus grandes salles du Muséum. On put admirer surtout cette collection, si riche et si nouvelle, de bustes en plâtre moulés sur nature dans presque toutes les îles océaniennes, et qui font aujourd'hui partie du musée d'anatomie comparée au jardin des Plantes.

Le zèle des officiers et des savants avait constamment répondu au zèle de leur chef. Pour lui, son cœur devait être satisfait; il voyait accompli le désir qu'il avait exprimé bien des fois d'exécuter, comme Cook, trois voyages autour du monde. Il venait de mettre le sceau à sa réputation : son nom prenait place parmi ceux des plus grands navigateurs qu'ait produits la France, en même temps que les naturalistes et les ethnographes le réclamaient comme une de leurs principales célébrités.

Mais aussi combien il avait payé cher ces avantages, et que d'amertumes se mêlaient aux jouissances qu'il éprouvait! Pendant sa dernière absence, la mort avait encore visité son toit : il ne retrouva plus à son retour un fils qu'en partant il avait laissé au berceau. C'était le troisième enfant qu'il perdait : il semblait que chacune de ses expéditions dût avoir son deuil, comme chacune avait eu sa gloire (1).

Lui-même, vieux avant l'âge, il sentait depuis longtemps ses forces diminuer. Les fatigues avaient peu à peu miné cette constitution robuste dont l'avaient doté la nature et sa première éducation. « Mon ami, disait-il à un de ses compagnons de voyage, M. Matterer, je suis un homme fini, un être usé; je sens que je n'ai plus longtemps à rester dans ce monde; mais ce qui me console, c'est que je mourrai avec la douce satisfaction de n'avoir jamais fait de mal à personne, et que mon nom ne sera peut-être pas oublié dans les fastes de notre histoire maritime. »

Il était retenu à Toulon par une maladie douloureuse, lorsqu'au mois de décembre 1840, un mois après son retour, il reçut le brevet de contre-amiral, récompense bien méritée de ses services et de son dévouement. Ce ne fut que vers le milieu de 1841 qu'il put venir à Paris pour activer la publication de son der–

(1) *Éloge de Dumont-d'Urville*, par M. Roberge, couronné par l'académie de Caen.

nier voyage, ordonnée par le gouvernement et sanctionnée par l'Académie. Il se logea cette fois non plus dans la rue du Battoir, mais dans un hôtel situé rue Jean-Bart, près de la rue de Fleurus, à deux pas du jardin du Luxembourg. Était-ce le nom du célèbre marin ou le voisinage d'une promenade agréable qui avait fixé son choix? C'est ce qu'il est peu important de savoir; seulement dans cette nouvelle retraite, près de sa femme et de son fils Jules, qui faisait d'une manière distinguée sa rhétorique au collége Louis-le-Grand, Dumont-d'Urville semblait retrouver toute son énergie morale, et il se mit à travailler avec son ardeur ordinaire à la publication de son ouvrage. L'année 1841 vit paraître successivement les deux parties du tome premier, et la première partie du tome second était terminée lorsque arriva la catastrophe qui mit fin à ses travaux et à sa vie.

CONCLUSION

Le 8 mai 1842.

Le 8 mai 1842, on célébrait à Versailles la fête du roi. Dès le matin, les flots de la population parisienne se précipitaient par les deux chemins de fer vers la splendide demeure de Louis XIV, récemment transformée en un musée national. Dumont-d'Urville voulut y conduire sa femme et son fils pour les faire jouir du spectacle de la fête et d'une splendide journée de printemps, ou plutôt il ne fit que céder à regret aux instances de son fils, qui désirait voir jouer les grandes eaux.

A cinq heures et demie du soir, la famille d'Urville reprit la route de Paris par le chemin de fer de la rive gauche. Ils se placèrent dans un des premiers wagons de l'énorme convoi, qui bientôt vola avec une effrayante rapidité, entraîné par la puissance de deux locomotives. Entre la station de Bellevue et celle de Meudon, un des essieux de la première locomotive se rompit; elle s'arrêta subitement, la seconde se renversa sur elle, et toutes deux devinrent le foyer d'un épouvantable incendie où s'entassèrent l'un après l'autre cinq wagons remplis de voyageurs. Le spectacle d'horreur et de désolation qui s'offrit alors aux yeux des rares spectateurs de cette catastrophe est quelque chose d'indescriptible, que la plume est impuissante à retracer... Dumont-d'Urville, sa femme et son fils faisaient partie des nombreuses victimes. Séparés longtemps pendant leur vie, le trépas les avait réunis pour toujours... Étrange destinée! la mort, qui avait épargné cet homme au milieu des glaces du pôle, sous les feux de l'équateur, au sein des tempêtes de l'Océanie, l'attendait aux portes de Paris, sous les yeux de ses concitoyens, au retour d'une fête! Et encore, que restait-il de lui?... Une montre, une croix d'honneur, quelques fragments d'un torse d'enfant, une chaîne d'or passée au cou d'une femme tordue dans les bras d'un homme mûr, sans figure humaine, tels furent les seuls indices à l'aide desquels on reconnut Dumont-d'Urville et sa famille. Ce n'est qu'après trente heures des plus minutieuses recherches que les amis du contre-amiral parvinrent à retrouver ces restes, au milieu de la masse charbonnée déposée au cimetière Mont-Parnasse.

Le profond intérêt qu'inspirait la triste fin de Dumont-d'Urville se manifesta surtout à ses obsèques, qui furent célébrées, le 16 mai, à l'église Saint-Sulpice. Toutes les notabilités de la marine et de la science s'y donnèrent rendez-vous pour payer à sa mémoire ce dernier tribut de leur estime. Le deuil était conduit, en l'absence de parents, par MM. Hombron, chirurgien major de *l'Astrolabe*, et Vincendon-Dumoulin, ingénieur-hydrographe de l'expédition au pôle sud, que le ministre de la marine avait désignés pour présider aux obsèques. M. Villemain, ministre de l'instruction publique, tenait un des cordons du poêle; les autres étaient tenus par les contre-amiraux Labretonnière et Beautemps-Beaupré et par M. de Jussieu. L'amiral Duperré, ministre de la marine, tous les amiraux et les officiers de marine présents à Paris, le secrétaire général et la plupart des chefs et des employés de ce département, etc., assistaient au convoi. On y remarquait aussi un nombre considérable d'officiers de l'armée de terre, des pairs, des députés, un officier supérieur de la maison du roi, des membres de l'Institut, des sociétés savantes, du bureau des longitudes, etc. etc.

Les rhétoriciens du collége Louis-le-Grand accompagnaient les restes de leur jeune et infortuné condisciple.

Ce jeune homme, quoiqu'il eût à peine seize ans, donnait déjà les plus grandes espérances. Son intelligence précoce et son application au travail annonçaient qu'il marcherait dignement sur les traces de son père. Il avait remporté les premiers prix au collége de Toulon, et paraissait devoir obtenir des succès pareils au collége Louis-le-Grand. Quelques jours après la funeste catastrophe, on donnait, dans la classe de rhétorique de ce collége, les places d'une composition faite le samedi précédent, veille de l'événement. Le jeune Dumont-d'Urville fut proclamé le premier, au milieu des marques de l'affliction de ses camarades.

Après la cérémonie funèbre, le convoi se rendit au cimetière Mont-Parnasse, où le conseil municipal a concédé un terrain à perpétuité pour recevoir les dépouilles mortelles de cette malheureuse famille.

« Le contre-amiral Dumont-d'Urville, sous un extérieur froid, cachait une sensibilité profonde, et la sévérité du commandement était tempérée en lui par une bonté qui ne dégénérait jamais en faiblesse. En donnant à ceux qui lui étaient soumis l'exemple du devoir, il acquérait le droit de l'exiger d'eux : les fatigues et les privations qu'il leur imposait, il se les imposait à lui-même. Il ignorait ou dédaignait l'art de tromper les autres en les flattant : sa franchise, souvent brusque, provenait autant du caractère que de sa profession. Il était lent à s'attacher; mais ses amitiés étaient solides; son commerce, facile et sûr. Il avait dans ses manières cette simplicité ordinaire aux hommes supérieurs, qui ne craignent point d'être vus de trop près. Libéral dans ses idées comme dans sa conduite, il portait un cœur inaccessible aux petites passions. Il avait le sentiment de ce qu'il valait; mais, trop indépendant pour solliciter, trop fier pour devoir quelque chose à la faveur ou à l'intrigue, il attendait qu'on songeât à ses services, tandis qu'avec le plus loyal empressement il appelait les récompenses sur les services de ses officiers et de ses matelots : ceux qui ne l'aimaient pas étaient du moins forcés de l'estimer.

« Dans un siècle de scepticisme religieux, Dumont-d'Urville était resté fidèle aux principes que sa mère et son oncle de Croisilles lui avaient inspirés dès l'enfance. En pouvait-il être autrement? La contemplation des grandes scènes de la nature, l'étude de ses ouvrages, la mer et ses dangers, les tempêtes et leurs sublimes horreurs : quel esprit droit ou quel cœur honnête résisterait aux arguments d'une théologie aussi sublime (1) ? »

Sa mort funeste a fait disparaître toute trace de l'envie ou de la malveillance qui s'étaient manifestées plus d'une fois dans le cours de sa vie. Le monde entier, qu'il avait visité plusieurs fois, a déploré sa perte et consacré son nom. La ville de Condé-sur-Noireau lui a élevé une statue de bronze, et a donné son nom à une place et à une de ses rues. La Société de géographie, dont il était un des fondateurs, lui a élevé un monument remarquable dans le cimetière Mont-Parnasse, sur le terrain concédé par la ville de Paris.

(1) *Éloge de Dumont-d'Urville*, par M. Roberge, déjà cité.

FIN

TABLE

398. — TOURS, IMPR. MAME.

BIBLIOTHÈQUE

DE LA

JEUNESSE CHRÉTIENNE

APPROUVÉE PAR MONSEIGNEUR L'ARCHEVÊQUE DE TOURS

FORMAT PETIT IN-8°

CHAQUE VOLUME EST ORNÉ D'UNE GRAVURE SUR BOIS

Prix, broché : 55 c.

ADOLPHE, ou Comment on se corrige de l'étourderie, par Étienne Gervais.

AÏSSÉ, par Marie-Ange de T***.

ANSELME, par Étienne Gervais.

ANTONIO, ou l'Orphelin de Florence, par L. F.

AVENTURES D'UN FLORIN (les), racontées par lui-même.

BARON DE CHAMILLY (le), par Étienne Gervais.

BARQUE DU PÊCHEUR (la), par L. F.

BASTIEN, ou le Dévouement filial, par Mme Césarie Farrenc.

BATELIÈRE DE VENISE (la), par Mlle Louise Diard.

BONNES LECTURES (les), Souvenirs et Récits authentiques, par Félix Cassan.

CHAUMIÈRE IRLANDAISE (la), par L. F.

CLÉMENTINE, ou l'Ange de la réconciliation, par Marie-Ange de T***.

CORBEILLE DE FRAISES (la), par Marie-Ange de T***.

DIRECTRICE DE POSTE (la), par Marie-Ange de T***.

DUMONT D'URVILLE, par Fr. Joubert.

ÉLISABETH, ou la Charité du pauvre récompensée, par M. d'Exauvillez.

ÉLOI, ou le Travail, par Étienne Gervais.

EUPHRASIE, ou l'Enfant abandonnée, par Marie-Ange de T***.

EXILÉES DE LA SOUABE (les), par Mlle Louise Diard.

FAMILLE MONTAUBERT (la), par Fr. Joubert.

FILLE DU DOCTEUR (la), par Marie-Ange de T***.

FILLE DU MEUNIER (la), ou les Suites de l'ambition, par Mlle Louise Diard.

HENRIETTE, ou Piété filiale et dévouement fraternel, par Stéphanie Ory.

JACQUES BLINVAL, ou l'Ami chrétien, par J.-N. Tribaudeau.

JUDITH, ou l'une des mille Merveilles de la Providence, par M. l'abbé Henry.

LOUISE LECLERC, par Marie-Ange de T***.

LUCIA CESARINI, par Mme de Labadye.

MADAME DE GÉVRIER, ou la Pénélope chrétienne, par Marie-Ange de T***.

MARIANNE, ou le Dévouement, par Marie-Ange de T***.

PÊCHEUR DE PENMARCK (le), par E. Bossuat.

RICHARD-LENOIR, par Fr. Joubert.

SOLITAIRE DU MONT CARMEL (le), Épisode des premiers temps du christianisme.

TANTE MARGUERITE (la), par Marie-Ange de T***.

TÉRÉSA, par E. Bossuat.

TROIS COUSINS (les), ou le Prix du temps, par Théophile Ménard.

VAUQUELIN, par Fr. Joubert.

VICTOR DUTAILLIS, par Fr. Joubert.

VIERGE DES CAMPAGNES (la), ou Vie de la bienheureuse Oringa, par M. Henry.

VOEU EXAUCÉ (le), suivi de LES DEUX MARIÉES, par Maurice Barr.

398. — Tours, impr. Mame.

BIBLIOTHÈQUE

DE LA

JEUNESSE CHRÉTIENNE

FORMAT PETIT IN-8°

ADOLPHE, ou Comment on se corrige de l'Étourderie, par Et. Gervais.
ANSELME, par Étienne Gervais.
ANTONIO, ou l'Orphelin de Florence, par L. F.
AVENTURES D'UN FLORIN (les), racontées par lui-même.
AISSÉ ou la jeune Circassienne, par Marie-Ange de T***.
BARON DE CHAMILLY (le), par Étienne Gervais.
BARQUE DU PÊCHEUR (la), par L. F.
BASTIEN, ou le Dévouement filial, par Mme Césarie Farrenc.
BATELIÈRE DE VENISE (la), par Mlle Louise Diard.
BONNES LECTURES (les), Conversions et Récits authentiques, par F. [illegible]
CHAUMIÈRE IRLANDAISE (la), par L. F.
CLÉMENTINE, ou l'Ange de la réconciliation, par Marie-Ange de T***.
CORBEILLE DE FRAISES (la), par Marie-Ange de T***.
DIRECTRICE DE POSTE (la), par Marie-Ange de T***.
DUMONT D'URVILLE, par Fr. Joubert.
ÉLISABETH, ou la Charité du pauvre récompensée, par M. d'[illegible]
ÉLOI, ou le Travail, par Étienne Gervais.
EUPHRASIE, ou l'Enfant abandonnée, par Marie-Ange de T***.
EXILÉES DE LA SOUABE (les), par Mlle Louise Diard.
FILLE DU DOCTEUR (la), par Marie-Ange de T***.
FILLE DU MEUNIER (la), ou les Suites de l'Ambition, par Mlle L. Diard.
HENRIETTE, ou Piété filiale et Dévouement fraternel, par Steph. Ory.
JACQUES BLINVAL ou l'ami chrétien, par J.-N. Tribaudeau.
JUDITH, ou l'une des Mille Merveilles de la Providence, par M. l'abbé Henry, directeur général au petit séminaire de Langres.
LA FAMILLE DE MONTAUBERT, par Félix Joubert.
LOUISE LECLERC suivi de ALEXANDRINE, par Marie-Ange de T***.
LUCIA CESARINI, par Mme de Labadye.
MADAME DE GEVRIER, ou la Pénélope chrétienne, par Marie-Ange de T***.
MARIANNE, ou le Dévouement, par Marie-Ange de T***.
PARMENTIER, par Fr. Joubert.
PÊCHEUR DE PENMARCK (le), par E. Bossuat.
RICHARD-LENOIR, par Fr. Joubert.
SOLITAIRE DU MONT CARMEL (le).
TANTE MARGUERITE (la), par Marie-Ange de T***.
TÉRÉSA, par E. Bossuat.
TROIS COUSINS (les), ou le Prix du temps, par Théophile Ménard.
VAUQUELIN, par Fr. Joubert.
VICTOR DUTAILLIS, par Fr. Joubert.
VIERGE DES CAMPAGNES (la), ou Vie de la bienheureuse Oringa, par M. l'abbé Henry.
VŒU EXAUCÉ (le), suivi des DEUX MARIÉES, par Maurice Barr.

Tours. — Impr. Mame.

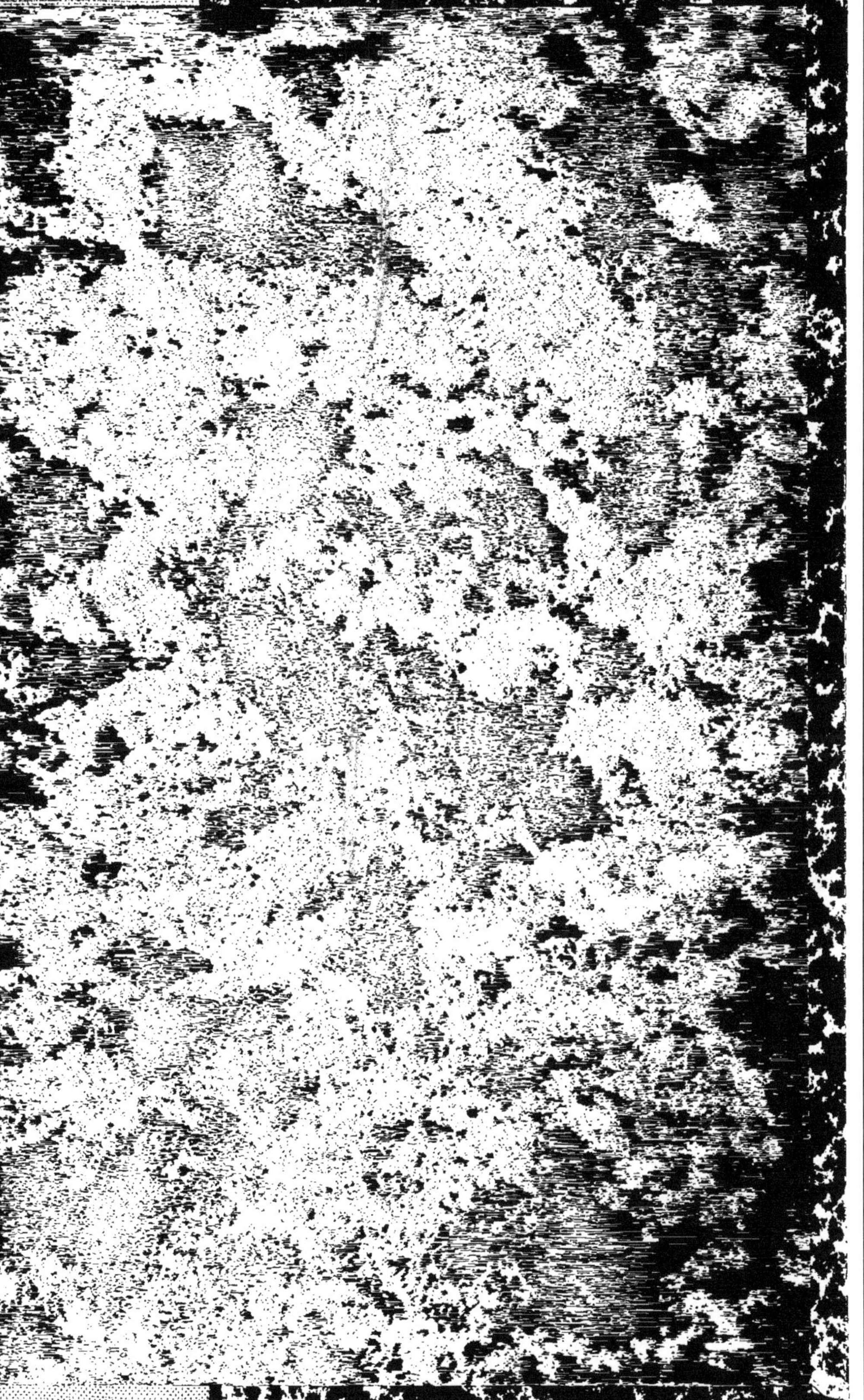

www.ingramcontent.com/pod-product-compliance
Ingram Content Group UK Ltd.
Pitfield, Milton Keynes, MK11 3LW, UK
UKHW020144200726
13856UKWH00003B/846